Die Wahrheit,
Frucht der Weisheit
und der Liebe

Aus dem Französischen übersetzt
Originaltitel:
La verité, fruit de la sagesse
et de l'amour

Editions Prosveta S.A. – B.P. 12 – 83601 Fréjus, Cedex (France)

ISBN 3-89515-075-4
Französische Originalausgabe: ISBN 2-85566-520-5

Omraam Mikhaël Aïvanhov

Die Wahrheit, Frucht der Weisheit und der Liebe

2. Auflage

Reihe Izvor - Band 234

PROSVETA VERLAG

INHALT

Da Meister Omraam Mikhaël Aïvanhov
seine Lehre ausschließlich mündlich überlieferte,
wurden seine Bücher erstellt aus stenografischen
Mitschriften, Tonband- und Videoaufnahmen
seiner stets frei gehaltenen Vorträge.

I

DIE SUCHE NACH DER WAHRHEIT

30.12.02 13:50

Wir sagen oft: »Das ist wahr« oder »Das ist nicht wahr«. Aber je nachdem bedeutet das Wort »wahr« nicht dasselbe. Man sagt zum Beispiel: »Das ist nicht wahr«, um damit auszudrücken: Das ist ein Irrtum. Aber auch: Das ist eine Lüge. Derjenige, dem ein Irrtum passiert, kennt im Allgemeinen die Wahrheit nicht, während der Lügner die Wahrheit kennt, sie aber verbergen will, denn er hat eine nicht ganz koschere Sache im Sinn.

Man kann sagen, dass Wahrheit als Gegenteil von Irrtum in den Bereich der Wissenschaft gehört, und dass Wahrheit als Gegenteil von Lüge in den Bereich der Moral gehört. Aber die Leute sagen auch, dass sie die Wahrheit suchen, um damit auszudrücken, dass sie sich über den Sinn des menschlichen Schicksals im Allgemeinen und über den Sinn ihrer eigenen Existenz im Besonderen Fragen stellen. Diese Wahrheit gehört in den Bereich der Philosophie und der Religion, und darüber kann uns eine Einweihungslehre aufklären und uns die Richtung weisen. Vor dem Wort »Wahrheit« haben viele Leute Angst. Sie stellen sich die Wahrheit als eine furchtbare Macht vor, die sie daran hindert, zu atmen, zu essen, zu trinken und zu lieben. Man kann ihnen lange erklären, dass sie im Gegenteil atmen, essen und lieben werden und sogar besser als vorher – es ist nichts zu machen, sie laufen weg. Und wie viele andere sprechen von der Wahrheit als von etwas Unmöglichem, das man in unendlich weiter Ferne suchen muss. Man fragt sich, ob die Wahrheit wirklich so schwer zu finden ist... Ist es nicht vielmehr so, dass die Menschen nicht wissen, was sie suchen und wie sie suchen sollen, oder dass sie eine Rechtfertigung für all ihre Schwächen haben wollen? Für denjenigen, der die Wahrheit aufrichtig sucht, ist sie nicht so schwer zu finden. Wie könnte es vorstellbar sein, dass der Schöpfer, die kosmische Intelligenz (sein Name spielt keine Rolle), den Menschen in eine Lage gebracht hätte, in der er niemals seinen Weg finden würde? Dass ihm die absolute Wahrheit nicht so einfach zufällt, einverstanden. Aber es ist unmöglich, dass er nicht so viel Wahrheit erfährt, wie er für seine Lebensgestaltung braucht.

Viele Menschen sind zu mir gekommen und haben gesagt, dass sie die Wahrheit suchen! Während vieler Jahre habe ich geduldig die Berichte über diese Erfahrungen angehört. Ich habe sogar so getan, als bewunderte ich sie; denn die Wahrheit zu suchen, das ist doch ruhmreich, nicht wahr? Und dann, nach einigen Jahren, hatte ich endlich genug. Ich habe beschlossen, all diesen Leuten, die so stolz darauf waren, die Wahrheit zu suchen und sie nicht zu finden, eine Lektion zu erteilen.

»Seit mehr als fünfzig Jahren suche ich die Wahrheit«, sagte mir eines Tages ein alter Mann. »Und Sie haben sie nicht gefunden?« »Nein.« »Und Sie suchen sie immer noch?« »Ja«, antwortete er, fest überzeugt von sich selbst, so dass es klar war, dass er dachte, ich würde ihn wegen seiner Ausdauer bewundern. Ich schaute ihn lange an und sagte schließlich zu ihm: »Nun, Sie werden sie nie finden, denn Sie unternehmen alles, um sie nicht zu finden.« »Was? Ich mache...« »Ja, Sie sind der Wahrheit schon mehrmals begegnet. Denn sie ist sehr leicht zu finden, sie ist überall, Sie haben sie gesehen, gehört, angefasst, aber Sie haben sie niemals akzeptiert, denn Sie haben viele andere Sachen im Kopf. Sie suchen ›eine‹ Wahrheit, eine, die Ihnen passt, und wenn Sie der Wahrheit begegnen, dann sagen Sie: »Nein, nein, das brauche ich nicht!« und wenden sich ab, da sie nicht Ihren Wünschen entspricht. Sie wiederholen: »Ich suche, ich suche«, aber wenn man das Wort ›suchen‹ analysiert, wird man herausfinden, dass Sie nur das suchen, was Ihre Begierde und Ihren Ehrgeiz befriedigt. Entschuldigen Sie – Sie suchen nicht die Wahrheit, sondern eine Dienerin, die all Ihre Launen befriedigt. Wenn Sie wirklich die Wahrheit hätten finden wollen, so wäre das schon längst geschehen. Heute noch können Sie sie finden – aber sie wollen nicht.«

Was für eine Unterhaltung, nicht wahr! Ich hatte diese Art der Unterhaltung mit mehreren Personen – aber ich sage euch nicht, was danach geschehen ist...

Es genügt, dass einer sagt: »Ich suche die Wahrheit«, und schon reißen die andern ihre Augen voller Erstaunen auf, denn sie wissen nicht, in welche Schublade sie diesen »Sucher« einordnen sollen: Jemandem gegenüber zu stehen, der die Wahrheit sucht... das ist wirklich etwas Besonderes! Sie sind verblüfft. Ja, es ist von großem Vorteil zu behaupten, man suche die Wahrheit. Sogar materiell bringt es Vorteile. So gibt es Leute, die daraus einen Beruf gemacht haben. Unaufhörlich rennen sie hin und her, um von ihren erfolglosen Nachforschungen zu sprechen. Sie schreiben Bücher, in denen sie ihre Hoffnungen und Enttäuschungen beschreiben, und wenn diese Bücher veröffentlicht werden, verwöhnt man die Autoren mit großen Ehrungen, man empfängt sie mit einem Büfett, bei dem es alle möglichen Sandwiches gibt, man offeriert ihnen Tee und Champagner. Also, ihr seht die Vorteile! Wieder andere machen sich angeblich auf die Suche nach der Wahrheit, weil sie fühlen, dass sie nicht mehr so viel Energie und Dynamik zur Verfügung haben, um die Aktivitäten ihrer Jugend fortzusetzen. Wenn man ihnen sagt, dass sie etwas Zeit mit dem Lesen bestimmter Bücher, mit Beten, mit Meditieren und mit einigen spirituellen Übungen verbringen müssen, damit sie auch wirklich etwas finden, dann antworten sie, das sei unmöglich, sie seien zu beschäftigt. Aber trotz alledem: Sie suchen! Sie haben kein höheres Ideal, sie wollen nicht verstehen, dass sie zuerst einmal die Art, wie sie denken, verändern sollten, aber sie suchen... Nun, unter solchen Bedingungen zu suchen führt zu nichts.

Die Menschen sind alle auf der Suche nach etwas. Je nachdem nennen sie es Glück, Sinn des Lebens, Wahrheit usw. Und warum finden sie nicht, was sie suchen? Weil sie es immer in der Form erwarten, die der Vorstellung entspricht, die sie sich selbst davon machen. Selbst die Wahrheit muss ihren Wünschen entsprechen. Und wenn sie einer Einweihungslehre folgen, dann geschieht das in der Hoffnung, darin Theorien und Situationen zu finden, die ihren Vorstellungen entsprechen. Aus diesem Grunde sieht man sie von einer Lehre zur anderen wechseln, ohne sich jemals irgendwo festzulegen. Einmal gefallen ihnen die Leute nicht... oder sie sind nicht gebührend empfangen worden... oder sie haben keine materiellen Vorteile zu erwarten... oder die Lehre ist zu anspruchsvoll... oder der Meister dieser Lehre verspricht ihnen nicht das, was sie erwarteten...

Die Leute suchen Lügen, Illusionen, Seifenblasen – und aus diesem Grunde wenden sie sich von einem richtigen Meister ab, denn er ist kein Verkäufer von Illusionen! In seiner Nähe fühlen sie sich schikaniert und unglücklich. Nun, das ist der Beweis, dass sie die Wahrheit nicht suchen. Die Wahrheit schikaniert niemanden, sie macht niemanden unglücklich; wenn sie von ihr zermalmt werden, dann bedeutet es, dass sie sie nicht wirklich finden wollten. Wenn sie sie wirklich finden wollten, wären sie derart glücklich! Nein, sie wollen sie nicht finden, und sie laufen weiter herum und sagen: »Ich suche die Wahrheit.« Ja, es ist fantastisch! Sie tragen diesen Satz wie einen Orden herum.

Von nun an müsste man diesen Orden abnehmen und an seiner Stelle endlich folgende Aussage anbringen: »Ich habe den richtigen Weg gefunden und jetzt geht es los, ich arbeite!« Aber nein, sie suchen weiter und warten darauf, dass der Himmel, und selbst Gott, sich ihrem Willen beugt, um sie zufrieden zu stellen und sie bleiben so wie sie sind, eigensinnig und fordernd. Aber sie können lange fordern und Ansprüche stellen, eines Tages müssen sie feststellen, dass nichts so geschieht, wie sie es erhofft hatten. Denn die göttliche Welt kann man nicht zwingen: Die Wahrheit offenbart sich nur denjenigen, die die richtige Einstellung gefunden haben.

Man sucht die Wahrheit, so wie die Männer seit Jahrhunderten eine Frau gesucht haben zum Heiraten: Sie brauchten eine Dienerin, die ihnen Kinder gebar, kochte, den Haushalt führte, die Wäsche wusch, die Kleidung ausbesserte und ihre schlechte Laune ertrug. Aber: Die Wahrheit ist keine Dienerin. Der Schüler muss zum dienenden Kavalier der Wahrheit werden. Denn die Wahrheit ist eine Prinzessin! »Und ich will ein Prinz sein«, sagt ihr. In Ordnung – warum nicht? Aber dann müsst ihr euch würdig erweisen, indem ihr euch bis zu ihr erhebt und nicht versuchen, sie zu euch hinunterzuziehen. Auf der psychischen Ebene ist es wie auf der physischen: Jeder kann in den königlichen Palast hinein, indem er behauptet, er werde die Prinzessin heiraten, und sich zum Erbprinzen ausrufen lassen. Ihr habt in den Märchen gelesen, wie viele Prüfungen der kühne junge Mann bestehen musste, wenn er vom König die Hand der Prinzessin, seiner Tochter, bekommen wollte! Wenn er nicht imstande war, sein hohes Ziel zu erreichen, musste er sterben. Nun, diese Märchen sind sehr tiefsinnig, und ihr solltet darüber nachdenken. Was die Wahrheit betrifft, so ist es dasselbe. Sie ist die Tochter Gottes. Wenn ihr zu ihr kommt, ohne bereit zu sein, ihr zu dienen, um ihr zu zeigen, dass ihr würdig seid, ihre Hand zu gewinnen, dann beweist ihr sinnlosen Stolz und sie wird euch zurückweisen. Es ist so wie in den Märchen: Die Wahrheit ist eine unbeugsame Königstochter, sie wird sich niemals anpassen und zu euch herabsteigen. Wenn ihr euch nicht vor ihr verneigt, werdet ihr sie nicht für euch gewinnen, sondern außerdem auch noch sterben, vom geistigen Standpunkt aus gesehen. Ihr meint, die Wahrheit sei grausam? Ja und nein, alles hängt von eurer Haltung ab.

Man wird die Wahrheit erst finden, wenn man sich entschlossen hat, ihr zu dienen. Selbst Spiritualisten werden sie niemals finden, wenn sie von ihr verlangen, dass sie ihnen bei der Erfüllung ihrer sehr materialistischen Wünsche hilft. Ich habe es euch gesagt: Sie halten sie für eine Dienerin oder sogar für ein Bankkonto, das ihnen Besitztümer bringen wird, Macht, die Mittel, um die Frauen zu verführen, usw.! Aber die Wahrheit ist eine Prinzessin, und wenn sie sieht, dass ihr sie mit demütigen Arbeiten erniedrigen wollt, indem ihr ihr undankbare Arbeiten gebt, dann ist sie entrüstet und sagt: »Für wen hält der mich eigentlich?« – und sie schleudert euch mit Verachtung weg. Leider hört man überall in der Gesellschaft, in den Schulen, in den Familien nur Theorien und man sieht überall nur Leute, die immer Forderungen stellen, die sich aufdrängen, ohne sich klar zu machen, dass diese respektlose und gewalttätige Einstellung ihnen alle Türen verschließt. Um die Wahrheit zu finden, muss man bescheiden sein. Und bescheiden sein, das heißt zuallererst einmal, weniger anspruchsvoll gegenüber der Natur, den Menschen, dem Schöpfer zu sein. »Ja, aber wir haben unsere Bedürfnisse!« Sehen wir uns diese Bedürfnisse doch einmal genauer an. Wer spricht denn da in euch? Woher kommt diese Stimme, die nach dem Leichten, nach Wohlstand und Vergnügen verlangt und Anstrengungen, Zwänge, Verpflichtungen ablehnt? Es ist die Stimme der niederen Natur. Aber seid ihr das wirklich, diese niedere Natur?... Nein.

Die niedere Natur ist ein Teil des Menschen, aber sie ist nicht der Mensch selbst. Sie ist wie ein Material, das er bearbeiten muss, um seine höhere Natur zu nähren, die unsterblich und ewig ist. Und mit dieser höheren Natur muss man sich identifizieren. Solange sich der Mensch mit seiner niederen Natur identifiziert, wird er sagen: »Ich will dieses, ich will jenes, ich bin verletzt, ich leide...« und er wird weiterhin überall herumlaufen und sagen: »Ich suche die Wahrheit, ich suche, ich suche...«, und er wird sie nicht finden. Um die Wahrheit zu erkennen, muss er sich mit dem Licht, dem Edelmut und der Unbestechlichkeit der höheren Natur identifizieren.

II

DIE WAHRHEIT,
KIND DER WEISHEIT UND DER LIEBE

Die meisten Leute haben eine sonderbare Art zu erzählen, auf welche Weise sie erwarten, die Wahrheit zu finden. Sie reden von ihr, als würden sie ihr eines Tages persönlich begegnen und sie würde zu ihnen sagen: »Schau mal, ich bin die Wahrheit. Endlich hast du mich gefunden. Also, hör mir gut zu: Von nun an musst du dieses denken und jenes tun...« Nein, so läuft das ganz sicher nicht.

Um die Frage der Wahrheit richtig zu verstehen, muss man zuerst die psychische Struktur des Menschen studieren. Sie beruht auf drei wesentlichen Faktoren: dem Intellekt, der es ihm ermöglicht zu denken, dem Herzen, mit dem er Gefühle empfinden kann und dem Willen, durch den er handeln kann. Der Wille handelt niemals ohne Motiv, sondern durch den Antrieb durch Gedanken und Gefühle.

Beobachtet euch: Ihr habt Gedanken und Gefühle zu Dingen und Wesen, und deshalb setzt sich euer Wille in Bewegung oder auch nicht. Es genügt nicht zu denken, arbeiten sei nützlich; damit man sich entschließt gut zu arbeiten, muss man diese Arbeit auch lieben. Ihr begegnet einem verletzten Menschen oder einem Menschen in Not. Um euch zu entscheiden ihm zu helfen, genügt es nicht zu denken, dass er Hilfe braucht, ihr müsst für ihn auch Sympathie empfinden. Und derjenige, der sich auf seinen Nachbarn wirft, um ihn tot zu schlagen, hat sich nicht damit begnügt zu denken: »Er ist dumm, er ist böse.« Er musste auch Gefühle der Verbitterung, des Zornes oder des Hasses haben. Die Beispiele sind zahllos. Unser ganzes tägliches Leben besteht aus Handlungen, die durch unsere Gedanken und unsere Gefühle beeinflusst sind. Der Faktor Gedanke und der Faktor Gefühl schält sich mehr oder weniger ein, je nach Sachlage, aber sie schalten sich immer ein.

Man kann also sagen, dass Handlungen die Kinder der Gedanken, des Intellektes und der Gefühle des Herzens sind. Je nach der Qualität dieser Gedanken und Gefühle sind die Handlungen, die vom Willen ausgeführt werden, gut oder schlecht. Sie können nur so gut sein, wie der Intellekt von der Weisheit und das Herz von der Liebe inspiriert ist. Das Ideal des Intellektes ist es, die Weisheit zu manifestieren, das des Herzens ist es, die Liebe zu

Intellekt → Weisheit
Herz → Liebe
Wille → Wahrheit

manifestieren und das Ideal des Willens, der daraus hervorgeht, ist es, die Wahrheit zu manifestieren. Das bedeutet, dass ihr in dem Maße zur Wahrheit vordringt, wie die Gedanken eures Intellekts zur Weisheit und die Gefühle eures Herzens zur Liebe tendieren, insofern seid ihr in der Wahrheit. Ja, das ist das Geheimnis der Wahrheit, es ist einfach.

Man hat der Wahrheit alle möglichen Definitionen gegeben, die die Frage nur verkompliziert haben. Es ist unmöglich zu sagen, was Wahrheit ist, denn als solche existiert sie nicht. Es gibt nur Weisheit und Liebe. Wie viele Leute geben vor, in der Wahrheit zu leben! Es ist einfach, einen solchen Anspruch zu haben, aber wenn man sieht, wie sie handeln – oh je, oh je!... Denn genau das, was sie ihre Wahrheit nennen, ist nicht von Weisheit und Liebe inspiriert. Es ist das Verhalten, das offenbart, ob sich ein Mensch in der Wahrheit befindet, und nicht in Theorien und Hirngespinsten, die er den anderen vormacht. Es ist unglaublich, dass die Menschen aus der Wahrheit eine Art Abstraktion machen, während sie sich doch ganz konkret darin zeigt, auf welche Weise die Menschen Tag für Tag ihr Leben gestalten.

Von nun an sollt ihr aufhören zu erzählen, dass ihr die Wahrheit sucht und nicht findet, denn es gibt nichts zu suchen und nichts zu finden, es gilt nur, Fortschritte zu machen was Liebe und Weisheit betrifft. Und ihr müsst auch damit aufhören, so zu tun, als ob ihr in der Wahrheit wärt. Auch da gibt es nichts zu behaupten: Wenn ihr die Liebe und die Weisheit besitzt, braucht ihr gar nichts zu sagen, ihr befindet euch in der Wahrheit und alle werden es spüren. Dieses Bild wird euch vielleicht etwas überraschen, aber man kann sagen, dass man die Wahrheit mit einer Medaille vergleichen kann, deren eine Seite die Liebe und die andere die Weisheit ist. Ihr werdet die Wahrheit niemals isoliert finden, denn sie kann nur in Verbindung mit dem Herzen und dem Intellekt begriffen werden. Es sind eure Liebe und eure Weisheit, die euch die Wahrheit zeigen werden.

Wenn es so viele verschiedene und widersprüchliche »Wahrheiten« in der Welt gibt, dann widerspiegeln sie nur die Deformation von Herz und Intellekt der Menschen. Wenn jemand zu euch sagt: »Für mich sieht die Wahrheit folgendermaßen aus...«, dann ist das seine Wahrheit und diese Wahrheit spricht von seinem Herzen und seinem Intellekt, die entweder unzulänglich und verbildet oder im Gegenteil sehr entwickelt sind. Wenn die Wahrheit unabhängig von der Tätigkeit des Herzens und des Intellekts wäre, hätten alle dasselbe entdecken müssen. Aber wie ihr wisst, ist dem nicht so, jeder entdeckt andere Wahrheiten, außer denen, die die wirkliche Liebe und die wirkliche Weisheit besitzen. Diese haben die gleiche

Wahrheit entdeckt und aus diesem Grunde sprechen sie alle dieselbe Sprache.

Alles hängt also von der harmonischen Entwicklung des Herzens und des Intellekts ab und darüber hinaus der Seele und des Geistes. Wenn der Mensch nicht wachsam ist, entfernt er sich von der Wahrheit. Er wird Bücher schreiben, um seinen Standpunkt zu verkünden, er wird Menschen mit sich fortreißen, er wird bestimmt aufrichtig sein, aber er wird nicht in der Wahrheit sein. Denn Aufrichtigkeit ist eine Sache und Wahrheit ist eine andere. Ihr könnt aufrichtig sein und dabei die schlimmsten Fehler machen. Man darf nicht Aufrichtigkeit als Vorwand benutzen, um sich zu rechtfertigen.

Die Wahrheit ist nur deshalb immer noch eine so ungewisse Sache, weil man sie als etwas Abstraktes betrachtet. Aber in Wirklichkeit ist die Wahrheit die Welt, in der wir leben. Wir sind mit ihr verbunden, wir sind eins mit ihr, wir können uns nicht von ihr trennen. Wir leben in der Wahrheit, wir essen sie, wir atmen sie ein, und man darf nicht mehr glauben, sie käme von außen. Was von außen kommen kann, sind nur die Begegnungen mit Menschen, Gegenständen, Büchern, Kunstwerken. Die Berührung mit ihnen weckt in uns eine Ahnung von der Wahrheit. Das ist alles. Deshalb zu sagen: »Ich werde die Wahrheit suchen«, ist die Garantie dafür, sie nicht zu finden. Denn auf der Erde können wir sie nicht finden. Derjenige irrt sich, der darauf wartet, etwas von außen Kommendem zu begegnen, von dem er sagen kann: »Hier ist die Wahrheit«. Man kann sich der Wahrheit nur nähern, indem man Liebe und Weisheit studiert und versucht, beide zu manifestieren.

Wenn ihr mich jetzt verstanden habt, müsst ihr euch analysieren: »Was ist die Natur meiner Gefühle? Ist es die wahre Liebe?... Und meine Gedanken, wie beurteilen sie die Dinge? Folge ich dem Weg der Wahrheit? Hat sich nicht ein Element eingeschlichen, das mich einen Fehler machen lässt?« Jedes Mal, wenn ihr in eure Gedanken Elemente der Liebe und der Weisheit aufnehmt, lasst ihr die Wahrheit Wirklichkeit werden. Somit erreicht ihr jedes Mal, wenn ihr einen bestimmten Aspekt berührt, eine bestimmte Stufe der Wahrheit, und diese Aspekte, diese Stufen, sind zahllos. Man muss die Wahrheit gefunden haben und sie gleichzeitig immer noch suchen. Das bedeutet, dass man sich für immer mit diesen beiden unwiderlegbaren Prinzipien der Liebe und der Weisheit verbinden muss. Gleichzeitig muss man immer weiter die passendsten Formen suchen, um diese beiden Prinzipien anzuwenden.

III

WEISHEIT UND LIEBE ODER LICHT UND WÄRME

Wenn die Weisheit und die Liebe sich vereinen, gebären sie die Wahrheit, das heißt, ein erfüllteres, intensiveres Leben, das wie das Wasser alle Samen eurer Seele begießen wird, um eine Fülle von Blumen und Früchten, lichtvollen Gedanken und warmherzigen Gefühlen hervorzubringen.

Die Weisheit steht für das männliche Prinzip, die Liebe für das weibliche. Die Liebe neigt sich der Weisheit zu, und die Weisheit der Liebe. Weisheit und Weisheit stoßen sich ab, und Liebe und Liebe stoßen sich auch ab. Das ist eine Tatsache, die man auch bei den menschlichen Beziehungen beachten muss. Manche Bande sind zerrissen, weil die Partner entweder zu reserviert oder zu entflammt waren. Für eine dauerhafte Beziehung ist es günstig, wenn die Partner sich ergänzende Temperamente haben.

Auf der physischen Ebene werden Weisheit

und Liebe durch Licht und Wärme repräsentiert, mit denen sie große Ähnlichkeit haben. So wie das Licht hat auch die Weisheit die Fähigkeit, sich auf winzig kleine Punkte zu konzentrieren, und wie die Wärme kann die Liebe sich im Raum ausdehnen. Ihr begegnet jemandem zum ersten Mal. Da ihr ihn überhaupt nicht kennt, habt ihr keinen Grund, ihn zu lieben. Es ist euer Intellekt, der reagiert und anfängt, ihn in allen Einzelheiten zu betrachten: seine Augen, seine Nase, seinen Mund, seine Bewegungen, seinen Beruf, sein Einkommen... Bei jemandem, den ihr liebt, wollt ihr dagegen nichts von alledem analysieren; ihr liebt ihn, wie er ist, ihr akzeptiert sein ganzes Wesen, ihr schwingt im Einklang mit ihm. Und selbst wenn er etwas Tadelnswertes tut, so vergebt ihr ihm, weil ihr ihn liebt; seine Fehler sind Kleinigkeiten, bei denen ihr euch nicht aufhaltet. Aber an dem Tag, an dem ihr ihn nicht mehr liebt, wird der kleinste Fehler zur Kenntnis genommen, unterstrichen und zerpflückt.

Wollt ihr ein Beispiel? Ein Chemiker oder Biologe arbeitet in seinem Labor. Er konzentriert sich auf einige Gasmoleküle oder einige Zellen, die einer Pflanze oder einem Tier entnommen wurden. Seine ganze Aufmerksamkeit ist von winzigen Materieteilchen in Anspruch genommen. Nun, dieser bedeutende Forscher ist verliebt. Wenn er sein Labor am Abend verlässt, denkt er daran, dass er seine Liebste treffen wird, und so kommt ihm der Sternenhimmel, den er über sich sieht, nicht weit genug vor, um seine Liebe aufzunehmen, alle Blumen sind nicht genug, um die Schönheit widerzuspiegeln, mit der er sie geschmückt sieht, und er möchte ihr gern alle Paläste und Schätze der Welt schenken. Aber eines Tages schlägt die Sache um: Mit der Zeit ist das Gefühl abgestumpft und seine Liebste scheint ihm weniger charmant als zuvor. Und dann konzentrieren sich plötzlich seine Blicke auf ihre kleinsten Gesten und auf alles was sie tut, um sie zu kritisieren: »Du bist zu spät gekommen, du hast mein Hemd nicht gewaschen, du hast schon wieder meine Manschettenknöpfe verlegt, du hast die Suppe versalzen, du hast vergessen, die Zeitung zu kaufen...« Man könnte meinen, dass alle Mikroskope seines Labors gegenwärtig sind, um die unbedeutendsten Einzelheiten hundert- und tausendfach zu vergrößern!

So hat die Wärme, die das Herz ausdehnt, dem Licht, das die kleinsten Dinge sichtbar macht, Platz gemacht. Aber welches Licht? Nicht das spirituelle Licht, sondern das gewöhnliche Licht, das mit dem elektrischen Strom verbunden ist. Spricht man nicht, bevor ein Streit ausbricht, von einer »geladenen Atmosphäre«? Elektrizität, richtig unter Kontrolle gebracht, bringt Licht hervor – aber die Elektrizität ist nicht das Licht.

Und so wie Elektrizität und Licht zusammenhängen, ist Magnetismus mit Wärme verbunden. Die Wärme dehnt aus und der Magnetismus zieht an: Beide manifestieren sich durch eine Entfaltung, eine Ausdehnung des Volumens und der Formen. Das gilt sowohl auf der physischen als auch auf der psychischen Ebene. Eine warmherzige und magnetische Person vermittelt den Eindruck der Ausdehnung und sie übt auf alle, die sie umgeben, eine Anziehung aus; Licht und Elektrizität in einem Menschen bringen aber gegenteilige Wirkungen hervor. Die meisten Leute fühlen sich von dem, der Licht und Wissen besitzt, nicht angezogen, denn sie fühlen sich unterlegen, sie haben Angst davor, beurteilt zu werden, sie ziehen es vor, Abstand zu halten. Und derjenige, der mit zu viel Elektrizität aufgeladen ist, stößt die anderen auf jeden Fall ab.

Jetzt ist es an euch zu verstehen, wie ihr die Liebe (Wärme und Magnetismus) und die Weisheit (Licht und Elektrizität) verwenden könnt. Die Liebe verbindet und die Weisheit löst. Die Weisheit hilft, das Gute vom Bösen zu unterscheiden und das Böse zurückzustoßen. Aber wenn ihr immer nur die Weisheit anwendet, werden selbst eure Freunde nicht lange bei euch bleiben. Es stimmt schon, die Weisheit leuchtet, aber sie ist kalt, und die Leute halten sich nicht gern in der Nähe eines kalten Lichtes auf. Das ist der Grund, warum die Weisen oft Einzelgänger sind, wogegen die Leute, die weniger weise, aber warmherzig sind, von Freunden umgeben sind. Also, was ist zu tun? Soll man die Weisheit vernachlässigen, um nicht allein zu bleiben? Natürlich nicht, denn dann besteht die Gefahr, dass ihr überfallen und gefesselt werdet. Die Schwierigkeit besteht eben darin, zu lernen, wie man die beiden Ströme in sich harmonisieren kann. Man muss wissen, wann es wünschenswert ist, die Liebe und wann die Weisheit zu manifestieren.

Ich habe euch bereits erklärt, wie das Wasser dieses Problem gelöst hat. Es steigt unaufhörlich zwischen der Erde und dem Himmel auf und nieder. Es steigt auf, um die Weisheit zu fördern, es steigt hinab, um die Liebe zu manifestieren. Es steigt auf, um die Segnungen des Himmels aufzunehmen, es steigt hinab, um diese Segnungen auf der Erde weiterzugeben. Nehmen und geben, empfangen und weitergeben, das ist die Wahrheit, das ist die Erfüllung von Gottes Willen.

In den drei ersten Versen des Vaterunsers: *»Vater unser, der Du bist im Himmel, geheiligt werde Dein Name, Dein Reich komme, Dein Wille geschehe wie im Himmel, so auf Erden«* findet man die Anwendung dessen, was ich euch über die Liebe, die Weisheit und die Wahrheit erkläre.

»Geheiligt werde Dein Name«: Die Heiligung ist eine Handlung, die mit der Weisheit, dem Licht

verbunden ist. Das Licht heiligt und erhellt Gottes Werke. Wenn wir das richtige Verständnis haben, heiligen wir alles, dem wir uns nähern. Und warum muss man den Namen Gottes heiligen? Weil der Name eine Synthese aller Elemente ist. Gottes Name beinhaltet und schließt alle Formen, alle Existenzen ein.

»Dein Reich komme«: Gottes Herrschaft, Sein Reich ist die vollkommene Liebe. Es gibt kein wirkliches Reich außerhalb der Liebe. Sie garantiert den Zusammenhalt aller Teile. Ein Reich ohne Liebe zerfällt. Für die Eingeweihten ist die Liebe kein vergängliches Gefühl, sondern ein beständiger, ununterbrochener Bewusstseinszustand, in dem man sich in Harmonie fühlt mit allem, was existiert.

»Dein Wille geschehe«: Derjenige, der dank der Weisheit den Namen Gottes in sich heiligen konnte und dank der Liebe Sein Reich errichtet hat, wird folglich Seinen Willen tun. Gottes Willen auszuführen bedeutet, sich in der Wahrheit zu befinden.

Alle Christen beten dieses Gebet, es ist bestimmt das am meisten gesprochene Gebet, aber sie erfassen nicht immer seine Tiefe. Nun, seid wenigstens ihr euch dessen bewusst, was ihr sagt, wenn ihr es betet.

Ich gebe euch sogar eine Übung dafür. Setzt euch ruhig hin und legt eure Hände auf die Knie.

Atmet sechs Schläge ein und sagt: »Mein Gott, Dein Name sei geheiligt in mir.« Haltet dann sechs Schläge den Atem an und sagt: »Dein Reich komme in mir.« Beim Ausatmen (sechs Schläge): »Dein Wille geschehe durch mich.« Wiederholt diese Übung vier bis fünf Mal pro Tag einige Wochen lang, und ihr werdet feststellen, dass etwas in euch heller wird, weiter, ruhiger. Seit zwanzig Jahrhunderten haben Millionen, ja Milliarden Christen dieses Gebet gesprochen – und selbst, wenn sie sich seiner Bedeutung nicht immer bewusst waren, haben sie aus diesem Gebet in der unsichtbaren Welt eine lebendige Formel gemacht, ein Kräftereservoir. Wenn ihr nun dieses Gebet bewusst sprecht, verbindet ihr euch mit dem großen Reservoir, zieht alle wohltuenden Energien an und könnt eure Arbeit besser fortsetzen.

Meditiert über die Weisheit, die sich mit den kleinen Dingen befasst, und über die Liebe, die sich um die größten kümmert. Die Weisheit berührt nur ganz kleine Teilchen in uns. Man hat niemals festgestellt, dass die Weisheit tiefgreifende Veränderungen in einem Menschen bewirkt. Die Liebe dagegen verändert sofort das Verhalten und oft sogar das physische Erscheinungsbild. Die größten Veränderungen in der Welt können nur durch die Liebe geschehen, nicht durch die Weisheit. Die Weisheit ist nur dazu da, die Richtung anzugeben – aber die Liebe verwirklicht die Dinge.

IV

DIE LIEBE DES SCHÜLERS, DIE WEISHEIT DES MEISTERS

Es geschieht oft in der Einsamkeit, dass wir Wissen erlangen. Die Lektüre, das Nachdenken, die Meditation, alle mentalen Fähigkeiten, erfordern im Allgemeinen weder die Gegenwart noch die Beteiligung der anderen. Manchmal sind sie sogar ein Hindernis. Dagegen bringt uns die Gegenwart der anderen dazu, unser Wissen aus uns hervorzuholen, damit wir es ihnen weitergeben können; die Gegenwart der anderen erweckt in uns den Wunsch, uns mitzuteilen.

Aber der Wunsch, sich mitzuteilen, kann nur unter einer Bedingung realisiert werden: Nämlich dass derjenige, dem das Wissen mitgeteilt wird, aufmerksam und aufnahmebereit ist, dass er demjenigen Vertrauen entgegenbringt, der bereit ist, ihn zu lehren. Wie viele Lehrer haben in dem Wunsch, ihr Wissen weiterzugeben, durch die Haltung der Schüler und Studenten einen Dämpfer bekommen! Der Mangel an Aufmerksamkeit der

Schüler, ihre kritischen Blicke halten sie vielleicht nicht davon ab, zu unterrichten, aber sie nehmen ihnen die Lust, das Thema zu vertiefen und dabei ihr Bestes zu geben. Es kann aber auch passieren, dass nach einer schlaflosen Nacht ein müder und sorgenvoller Lehrer mit wenig Lust zu unterrichten in das Klassenzimmer kommt und so offene und aufnahmebereite Schüler vorfindet, dass er sich sogleich belebt, stimuliert und inspiriert fühlt.

Das sind Erfahrungen, die alle Unterrichtenden gemacht haben, sowohl die Lehrer als auch die geistigen Meister. Welche guten Voraussetzungen ein Unterrichtender auch mitbringen mag, sie stellen immer nur die Hälfte der Bedingungen dar, die erfüllt sein müssen, damit er sein Wissen weitergeben kann. Es ist die Aufgabe der Studenten, der Schüler, die andere Hälfte beizutragen, indem sie sich darum kümmern, aufnahmebereit und warmherzig zu bleiben.

Ihr seht, wie wir wieder mit dem Herzen und dem Intellekt zu tun haben. Das Herz ist der Schüler oder der Jünger, der sich öffnet, um das Wissen des Unterrichtenden, des Intellekts, aufzunehmen. Das Herz ist das Vorzimmer des Intellekts. Es bereitet ihn vor, es versetzt ihn in gute Laune und führt uns bei ihm ein, wie es ein Diener bei seinem Herrn macht. Man muss also erst das Herz gewinnen, um den Intellekt zu berühren. Um eine Unterredung mit einer bedeutenden Persönlichkeit zu bekommen, muss man durch seinen Sekretär eingeführt sein. In gleicher Weise muss man, um eine Unterredung mit der Weisheit zu haben, von der Liebe eingeführt werden! Um sich den großen Geheimnissen nähern zu können, muss man sein Herz öffnen.

Der Intellekt liebt weder Küsse noch Liebkosungen, er zieht Diskussionen, Einwände, Streitgespräche vor, denn sie zwingen ihn, sich zu entwickeln. Wenn ihr den Intellekt erwärmt, schläft er ein, anstatt sich an die Arbeit zu machen, während Kälte, Überraschungen und zu überwindende Hindernisse ihm liegen. Schwierigkeiten und Prüfungen schütteln euch durch und zwingen euch zu handeln. Ihr Nutzen liegt darin, dass sie euch zum Nachdenken bringen und ihr an Weisheit gewinnt. Was die angenehmen Ereignisse anbetrifft, so beeinflussen diese euer Herz, indem sie die Voraussetzungen dafür schaffen, großzügig, liebenswürdig, warmherzig zu werden, denn alles was warm ist, hat die Neigung sich auszudehnen, sich zu öffnen. Es ist wichtig, dass ihr gut gelaunt seid, und das Herz wird euch dabei helfen. Man muss also die Zustimmung des Herzens haben, um den Intellekt zu berühren; man muss erst Liebe besitzen, um sich der Weisheit zuzuwenden. Weisheit bekommt man durch die Liebe.

Ein Meister enthüllt seinen Schülern die Tatsachen der geistigen Welt, indem er etwas seiner

Seele, seinem Leben entreißt, um es ihnen zu geben. Und wenn er bei den Zuhörern nicht Erwartung, Interesse, Achtung oder Begeisterung für dieses Wissen, das er ihnen enthüllen will, findet, dann verschließt sich etwas in ihm.

Die Liebe des Schülers muss sich mit der Weisheit des Meisters vereinen, und der Vereinigung dieser Liebe und dieser Weisheit entspringt die Wahrheit. Der Meister braucht eure Weisheit nicht – und ihr könntet sie ihm sowieso nicht geben –, aber er braucht eure Liebe. Seine Rolle besteht nicht darin, euch zu lieben, sondern euch die Dinge zu erklären, und es obliegt euch, ihm euer Vertrauen, eure Liebe zu schenken, denn das sind die besten Voraussetzungen, seine Weisheit zu erhalten. Es ist ganz einfach: Der Schüler liebt seinen Meister, und der Meister erklärt die Dinge seinem Schüler. Wenn ihr das Gegenteil wollt, werdet ihr lange im Dunkeln bleiben.

Ihr werdet erwidern, dass man immer die Liebe der spirituellen Meister erwähnt, wenn man von ihnen spricht. Ja, natürlich, denn wenn man den Menschen helfen und sie unterrichten will, muss man sie lieben. Aber die Liebe des Meisters ist anders. Es ist eine Liebe, die von der Weisheit erleuchtet wird. Das versteht der Schüler übrigens oft nicht. Er möchte gern, dass ihn sein Meister immerfort anlächelt und ihm angenehme Worte sagt. Und wenn der Meister sich zum Wohl seines

Schülers streng zeigen und ihn durchrütteln muss, dann wird dieser traurig, lehnt sich auf und denkt, sein Meister liebe ihn nicht; er versteht nicht, dass die Liebe des Meisters mit einer gewissen Strenge einhergehen muss.

Einen wirklichen Meister zu treffen und sein Schüler zu werden, ist ein Segen im Leben eines Menschen – aber nur, wenn man die richtige Haltung einnimmt und weiß, wie man ihn lieben soll. Denn durch seine Liebe beeinflusst der Schüler seinen Meister. Aber ja! Alle Wesen sind verbunden und beeinflussen sich gegenseitig. Der Meister beeinflusst den Schüler, aber der Schüler beeinflusst auch seinen Meister. Die aufrichtige und selbstlose Liebe des Schülers trägt zum Wachstum der Weisheit des Meisters bei.

In jeder beliebigen Schule sind für den Lehrer die Schüler leichter zu unterrichten, die großen Lerneifer zeigen. Natürlich kümmert er sich um alle, aber die aufmerksamen, lernbegierigen Schüler inspirieren ihn mehr und er fühlt sich durch sie stimuliert. Überall gilt das gleiche Gesetz: Durch die Liebe wird die Weisheit geboren, und die Weisheit inspiriert die Liebe. Es gibt eine Wechselseitigkeit. Beide sind nötig, um die Wahrheit zu erlangen.

V

DER KERN DER WAHRHEIT

Nehmt eine Frucht und beobachtet, wie die Natur arbeitet...

Alle Früchte haben eine Schutzhülle, die mehr oder weniger dick und hart ist. Man nennt sie entweder Haut, Rinde oder Schale. Manchmal kann man sie essen, aber im Allgemeinen wirft man sie weg. Hinter der Schutzhülle findet man das Fruchtfleisch, das man isst. In der Mitte befinden sich der Kern oder die Kerne, die man meistens wegwirft; pflanzt man sie jedoch ein, garantieren sie die Fortpflanzung der Art. So ist die Frucht nach dem Modell einer Zelle konstruiert: Eine Zelle besteht aus einer Membran, die wie eine kleine Tasche die flüssige Materie, das Zytoplasma, begrenzt und enthält. In der Mitte befindet sich der Kern.

Überall wo euer Blick hinfällt, auf die Natur, den Menschen, die Familie, die Gesellschaft, das Universum, werdet ihr diese Dreiteilung vorfinden. Das ganz Kleine und das ganz Große sind nach dem gleichen Modell konstruiert: dem der Zelle. Symbolisch gesprochen entspricht die Membran der physischen Ebene, das Zytoplasma der astralen Ebene mit den Gefühlen und der Kern der mentalen Ebene mit den Gedanken.

Kommen wir zurück zur Frucht und sehen wir, wie man die drei Elemente Haut, Fleisch und Kern erklären kann. Die Haut, die die Frucht umhüllt und sie schützt, entspricht der physischen Ebene, das Fleisch, in dem die Lebensströme zirkulieren, entspricht der psychischen Welt und der Kern, der die Reproduktion der Frucht garantiert, entspricht der geistigen Welt. Übertragen wir nun diese drei Elemente ins geistige Leben: Die Haut der Frucht ist die Weisheit, die schützt, zurückhält und bewahrt; das Fruchtfleisch ist die Liebe, denn die Liebe ist das, was man isst und was das Leben erhält. Was den Kern betrifft, den man einpflanzt, so stellt er die Wahrheit dar, denn nur das, was wahr ist, lässt das Leben fortbestehen.

Ich bringe euch eine Frucht. Könnt ihr sagen, dass ihr sie kennt? Bevor ihr nicht die drei Teile, aus denen sie besteht, erforscht habt, kennt ihr sie nicht. Was muss der Schüler also tun? Nachdem er die Haut entfernt und das Fruchtfleisch gegessen hat, muss er den Kern (oder die Kerne) einpflanzen, nur so hat er die Möglichkeit, die Wahrheit zu erkennen.

Wenn ihr einen Eingeweihten bittet, euch die Wahrheit zu enthüllen, wird er euch keine komplizierten und abstrakten Erklärungen geben. Er wird euch eine Frucht anbieten und wird sagen: »Hier, esst.« Ihr werdet die Frucht essen – aber was werdet ihr mit dem Kern machen? Werdet ihr ihn wegwerfen? Aber der Kern enthält doch die Wahrheit! Die ganze Frucht, der ganze Baum sind in dem Kern zusammengefasst. Um die Geheimnisse des Kerns kennen zu lernen, muss man ihn in die Erde einpflanzen und warten und dabei beobachten, wie Sonne und Wasser ihn bearbeiten, damit Blätter, Stängel und Zweige wachsen. Aus diesem kleinen Kern wird ein großer Baum. Und erst dann werdet ihr wissen, welche Wahrheit er enthielt.

Die meisten Menschen kennen vom Leben nur die Haut, die Rinde. Manche versuchen am Inhalt zu naschen, aber das genügt noch nicht. Man muss den Kern einpflanzen und beobachten, was aus ihm entsteht. Das bedeutet, bei allem, was euch widerfährt, müsst ihr nachdenken und euch fragen: »Gibt es an dieser Frucht, die ich da bekomme, etwas zum Wegwerfen? Oder etwas zum Essen? Oder etwas zum Einpflanzen?« An dem Tag, an dem ihr fähig seid, diese drei Aktionen richtig durchzuführen, werden euch keine Irrtümer mehr unterlaufen.

Nehmt zum Beispiel einen Mann oder eine Frau. Sie versichern euch jeden Tag ihrer Liebe.

Ihr nehmt all diese Worte entgegen, ihr esst sie, ihr schluckt sie sogar hinunter, ohne sie vorher auszusortieren – und nach einiger Zeit befindet ihr euch in einer dramatischen Situation. Warum? Weil ihr die Lehre der Frucht nicht begriffen habt. Natürlich haben dieser Mann und diese Frau in ihre Liebe und ihre Worte sehr gute und sehr schöne Elemente gelegt, und ihr konntet sie essen. Aber ihr hättet auch wissen sollen, dass sie von einem menschlichen Wesen stammten und diese Worte demnach natürlich auch menschliche, allzu menschliche Elemente enthielten, die ihr nicht hättet annehmen dürfen.

Ja, die Liebe ist eine sehr komplexe Frage. In der Liebe, die man euch darbietet, gibt es immer Elemente, die ihr zurückweisen müsst, andere, die ihr annehmen könnt und schließlich solche, die ihr in eure Seele pflanzen sollt. Deshalb sagt ihr, wenn ihr weise seid, zu dem Menschen, der euch liebt: »Warte mal, bevor ich dir eine Antwort geben kann, muss ich erst einmal den Kern einpflanzen. Die Frucht ist saftig, aber ich möchte erst den Baum sehen, den er hervorbringen wird.« Wenn ihr die wirkliche Natur dieser Liebe kennt, könnt ihr euch ohne Risiko für die Zukunft festlegen.

Ein anderes Beispiel: Ein Geschäftsmann schlägt euch vor, sein Teilhaber zu werden: »Binnen kurzem werden Sie reich sein und viel Einfluss haben.« Ihr seid von diesen wunderbaren

Versprechungen hingerissen und verschluckt alles: Haut, Fruchtfleisch und Kern, das heißt, ihr nehmt den Vorschlag an. Also gut, ihr esst und esst immer weiter und habt plötzlich Koliken: Misserfolge, Geldverlust und sogar den Bankrott... Der Arzt – die himmlische Weisheit – muss euch also ein gutes Abführmittel verordnen! Warum ist es so gekommen? Durch eure Unwissenheit. Man hat euch Wunder angeboten – aber sie verbargen etwas Vergiftetes. Ihr hättet erst den Kern einpflanzen sollen, um zu sehen, was aus ihm herauskommt.

Das Leben stellt uns unaufhörlich vor diese Frage: Welcher Natur ist der Baum, der in der Wachtumskraft dieses oder jenes Kerns schlummert, der uns angeboten wird? Welche Frucht wird er tragen? Man muss anfangen nachzudenken, anstatt alles zu schlucken. Auch da ist es angebracht, das Prinzip von Hermes Trismegistos anzuwenden: »Trenne mit großem Bedacht das Feine vom Groben.« Dieses Prinzip bezieht sich natürlich auf alchimistische Prozesse, aber nicht ausschließlich. Das ist eine Regel, die für das ganze Leben gilt. In allem was wir sehen oder hören, in allem dem wir begegnen, gibt es immer etwas zu entfernen, etwas zu nehmen und etwas einzupflanzen. Diese Regel ist selbst für das gültig, was ich euch sage. Ja, selbst in dem, was ich euch sage, gibt es Sachen, die ihr ignorieren sollt, denn sie wären für euch noch unverdaulich, und andere, um gegessen zu werden, und wieder andere, um sie einzupflanzen. Also, konzentriert euch auf das, was ihr versteht und findet darin den Kern zum Einpflanzen.

Manche werden sagen: »Aber Sie sprechen vom Pflanzen, vom Säen – wir haben keinen Ort dafür!« Und euer Gehirn, was ist mit dem? Das Gehirn ist ein Boden, ein wunderbares Feld! Was glaubt ihr, was ein Meister wohl macht? Er sät den Samen in die Gehirne seiner Schüler. Natürlich beklagen sie sich und kontern manchmal. Aber der Meister sagt ihnen: »Seid geduldig! Etwas später wird hier ein Baum entstehen, ihr werdet seine Früchte essen, die euren Hunger stillen und euch erfrischen werden, und ihr werdet glücklich sein.«

VI

»ICH BIN DER WEG, DIE WAHRHEIT UND DAS LEBEN«

In der Genesis heißt es: *»Und Gott der Herr pflanzte einen Garten in Eden gegen Morgen und setzte den Menschen hinein, den er gemacht hatte. Und Gott der Herr ließ aufwachsen aus der Erde allerlei Bäume, lustig anzusehen und mit köstlichen Früchten, und den Baum des Lebens mitten im Garten und den Baum der Erkenntnis des Guten und Bösen. Und es ging aus von Eden ein Strom, den Garten zu bewässern, und teilte sich von da in vier Hauptwasser.« (1. Mose 2,8)*

Wem entsprechen die vier Arme des Flusses? Sie entsprechen den vier Strömen, die das Universum aufteilen. Sie sind die Grundlage unserer vier Himmelsrichtungen und haben eine magische Bedeutung.

Symbolisch gesprochen versinnbildlicht ein Fluss mit seinen Armen und seinen Nebenflüssen die Ströme des Lebens. Der Raum wird von Strömen von Kraft und Energie durchzogen, und unser

Körper wird, genau wie die Erde, von großen und kleinen Flüssen und von Bächen durchquert; sie sind wie Arterien, Venen und Kapillargefäße usw. Um die Bedeutung dieses Symbols zu verstehen, darf man sich nicht damit begnügen, einen Fluss zu betrachten, wie er eine Stadt oder eine Landschaft durchquert. Man muss sich fragen, wo er herkommt und wo er hinfließt, man muss an seine Quelle und an seine Mündung denken.

Jesus hat dem Symbol des Flusses seine ganze spirituelle Dimension gegeben, wenn er im Evangelium sagt: *»Ich bin der Weg, die Wahrheit und das Leben.«* Ihr seht vielleicht nicht die Beziehung dieser wenigen Worte zum Bild des Flusses. Aber für einen Eingeweihten ist es klar: Wenn er diesen Satz hört, sieht er einen Fluss, der vom Gebirge herunterkommt. *»Der Weg«* ist das Flussbett; *»das Leben«* ist das Wasser, das in diesem Bett fließt; *»die Wahrheit«* ist die Quelle, aus der das Leben entspringt.

Nun, übersetzen wir weiter: Was ist dieser Weg, durch den das Leben fließt und durch den wir zur Quelle gelangen können? Es ist die Weisheit. Und das Leben, das heißt das Wasser, das Steine und Pflanzen begießt, das den Durst der Tiere und Menschen stillt, das ist die Liebe. Das also wollte Jesus sagen: Ich bin der Weg der Weisheit, ich bin die Liebe, die das göttliche Leben gebiert und ich bin die Quelle der Wahrheit, aus der dieses Leben hervorsprudelt. Wasser ist immer das Symbol des Lebens, der Liebe. Alle Energien, alle Kräfte, die in der Natur kreisen, sind wie ein Wasser dargestellt, eine Flüssigkeit, die begießt, die den Durst stillt, die das Leben aufrecht erhält.

Das Bild der Quelle und des Flusses hat also seine Entsprechung im spirituellen Leben. Das ist auch der Sinn unserer Lehre, die auf Liebe (das Wasser), Weisheit (das Bett des Flusses) und Wahrheit (die Quelle) beruht.

Dieses Symbol des Flusses ist in allen Bereichen der Existenz anwendbar. Derjenige, der zur Quelle, zur Wahrheit gehen will, muss den Weg der Weisheit einschlagen. Es kann vorkommen, dass die Quelle versiegt, dass der Fluss austrocknet, aber es bleibt immer noch sein Bett als Zeugnis dessen, was einmal war. Es ist ein Überbleibsel, eine Spur, und als solche wird es für uns eine Lehre; es gehört also in den Bereich der Weisheit. Man muss hier das Wort Weisheit natürlich im weitesten Sinn verstehen. Die Weisheit bleibt, wie das Flussbett, denn sie ist eine Form und die Form ist materiell; sie bleibt auf der physischen Ebene als Spur erhalten, als Monument oder in Form von Schriften. Selbst wenn die Liebe, das Leben verschwunden sind, so ist doch die Form immer noch da. Es gibt leere Häuser, die die Bewohner seit langem verlassen haben, aber sie sind immer noch da.

Felsen, Berge sind auch da, sie bleiben, selbst wenn ihre Seele sie verlassen hat. Alles, was bleibt und überlebt, gehört in den Bereich der Weisheit. Die Weisheit wird es bis in alle Ewigkeit geben, damit sich offenbart, was war und was sein wird.

Es gibt alle Möglichkeiten, die Weisheit zu konsultieren, die alle Unglücke überlebt und deren Spuren man überall findet. Jeder Gegenstand ist unvermeidlich von der Weisheit gekennzeichnet und trägt ihr Siegel, selbst wenn es sich nur um kümmerliche Spuren handelt. Die Archäologen bemühen sich, die Geschichte der Menschheit wieder erstehen zu lassen, indem sie einige zerstreute Reste aufsammeln: Knochen, Feuerstein-Splitter, Töpferei-Scherben. Wenn es ihnen gelingt, ist ihre Arbeit sehr aufschlussreich; es gibt viel zu lernen und nachzudenken.

Aber während die Weisheit immer am selben Platz bleibt, reist die Liebe herum, sie erstarrt nicht in Formen. Sie ist ein Lebewesen, das immer in Bewegung ist, man kann sie nicht festhalten und man findet sie nie am gleichen Platz wieder. Man kann nur ihren Spuren folgen, indem man die Orte aufsucht, die sie besucht und einen Augenblick bewohnt hat. Ihr begegnet einem Mann oder einer Frau und während der paar Minuten, die ihr euch in seiner oder ihrer Nähe befindet, schicken euch ihre Blicke, ihr Ausdruck, ihr Lächeln in den Himmel. Eine Woche oder nur einen Tag später trefft ihr diesen Mann oder diese Frau wieder und ihr seid erstaunt, dass ihr nichts mehr empfindet. Denn die Liebe, von der ihr einen Blick erhascht habt, ist nicht mehr da, sie ist weitergewandert.

Die Liebe ist eine Essenz, zu subtil um eingefangen zu werden, während die Weisheit einfach da ist, unveränderlich, und wer ihre Botschaften entziffern kann, wird sie immer finden. Ihr sagt: »Aber man hat diese Gegenstände verbrannt und es bleibt nur eine Hand voll Asche zurück.« Trotz dieser Tatsache bleibt die Weisheit. Nehmt diese Asche und ihr könnt aus ihr die ganze Geschichte wieder herstellen.

Die Liebe ist ein lebendiges Wesen, das weder in Gräbern noch in Ruinen bleibt. Ihr werdet sagen, dass es in den Gräbern und Ruinen immer noch Leben gibt. Ja, das ist richtig: Schlangen, Skorpione, Fledermäuse und alle Arten von Pflanzen... Aber ich spreche nicht von diesem Leben. Ich meine das Leben, dessen subtilster Träger die Liebe ist.

Die Liebe ist das Wasser, das aus der Wahrheitsquelle fließt. Also gibt es da, wo es keine Wahrheit gibt, auch keine Liebe. Um die Wahrheit zu finden, muss man dem Weg der Weisheit folgen. Aber um diese Wahrheit zu trinken, um sie zu leben, muss man die Liebe besitzen. Ihr könnt bis zur Quelle vordringen, ohne davon zu trinken, wenn ihr nur dem Weg der Weisheit folgt. Aber dank der Liebe könnt ihr an der Wahrheitsquelle trinken, ohne dass ihr die Weisheit braucht.

Viele Philosophen und Weise sagen: »Ich habe die Wahrheit gefunden!« Aber sie sind ausgetrocknet, und das beweist, dass sie sie nicht wirklich gefunden haben. Ja, äußerlich haben sie vielleicht die Wahrheit gefunden, indem sie den Weg der Weisheit eingeschlagen haben; aber da ihre Quelle nicht fließt, sind sie noch nicht wirklich in der Wahrheit. Wer die Wahrheit besitzt, hat sie eher durch die Liebe als durch die Weisheit erhalten. Durch die Weisheit werdet ihr die Wahrheit finden, aber nur durch die Liebe werdet ihr sie lebendig in euch erfahren. Diese Unterscheidung ist sehr wichtig, sie stammt aus dem großen Buch der Natur.

Ich erfinde nichts; ich finde alles, was ich euch erkläre, im großen Buch der Natur. Um mit der Weisheit zu arbeiten, braucht ihr euch nicht fortzubewegen; ihr könnt mit einem Buch in einer Bibliothek bleiben. Aber wenn ihr mit der Liebe arbeiten wollt, müsst ihr euch fortbewegen: Ihr geht zu einem Stelldichein mit eurem Liebsten (eurer Liebsten), ihr geht aus, um die Sonne und die Blumen zu sehen, um den Vögeln zuzuhören, um Unglücklichen zu helfen oder um Brot zu kaufen. Die Liebe zwingt euch dazu, euch zu bewegen, denn sie selbst bewegt sich ständig, sie hat die Beweglichkeit des Wassers, und alle die sie suchen, müssen schnell dorthin gehen, wo sie sich im Augenblick befindet.

Wenn wir die Geschichte der Menschheit studieren, sehen wir, dass sie der Geschichte der Erde gleicht: Die Liebe ist in Bewegung wie das Wasser. Während Tausenden von Jahren bedeckt das Wasser einen Kontinent. Wenn es sich zurückzieht, erscheint das Festland und bedeckt sich mit Vegetation. Immer da, wo Wasser in Fülle vorhanden ist, das heißt da, wo die Liebe sich manifestiert, entsteht eine neue Kultur, denn die Geister des Lichts arbeiten immer da, wo Liebe ist. Wenn das Wasser sich vollkommen von einem Land zurückzieht, trocknet es aus, es stirbt; aber die Weisheit bleibt, das heißt die Überbleibsel, die den Archäologen Material für ihre Studien liefern. Ein solcher Fall ist die Sahara. Dort, wo die großen Ströme fließen, gibt es viel Liebe, das heißt, eine Kultur, eine Zivilisation. Bleibt deshalb nicht »trocken«, wenn ihr die Geister des Lichts anziehen wollt, damit sie an euch arbeiten, denn sonst werden sie nicht kommen. »Was«, werdet ihr sagen, »sie werden nicht kommen? Wir sind doch immerhin große Weise!« Ja, das kann sein, aber ihr seid nur »Überbleibsel«, nichts kann mehr wachsen. In eurer Nähe wird man nur noch sagen: »Vor langer Zeit gab es hier eine Kultur, ein großes Einweihungszentrum, aber jetzt ist hier nichts mehr, der Ort ist vom Sand bedeckt.«

Man kann das Grab Christi aufsuchen und sich vor ihm verneigen, aber das nutzt nichts, denn Christus ist nicht mehr da! Dieser Fluss fließt woanders, dort wo die Liebe ist. Viele erzählen uns von untergegangenen Kulturen, das ist sehr interessant, aber das Wesentliche ist nicht dort. Das Wesentliche ist das Leben, das heute fließt. Übrigens, glaubt ihr, dass es bei den Christen, die den Spuren Jesu in Palästina gefolgt sind, viele gibt, die ihm folgen würden, wenn er wiederkäme? Sie würden ihn nicht wiedererkennen und ihn außerdem auch noch verfolgen und seinen Tod verlangen.

Es ist einfach, in einem ausgetrockneten Flussbett zu laufen. Es ist viel schwieriger, die unendliche Fülle des lebendigen Wassers zu erfassen, das sich ständig erneuert, aber ihr müsst das suchen, was lebendig ist. Ihr werdet niemals die Wahrheit da finden, wo der Tod ist. Wenn ihr eure Existenz auf untergegangenen Werten gründet, werdet ihr selbst in den Verfall und den Ruin hineingezogen. Es ist eure Wahl, die euer Schicksal bestimmt. Vom magischen Standpunkt aus ist es immer gefährlich, sich mit etwas Verfallenem oder Verschwundenem zu verbinden. Wenn ihr wollt, dann schlagt den Weg der Weisheit ein, um der Wahrheit zu begegnen, aber trinkt auch von lebendigem Wasser. Verbindet euch mit allem, was sich jeden Tag erneuert, mit dem was aufsteigt, was wächst, was ewig jung und neu ist. Aus diesem Grund müsst ihr euch das Bild der immer lebendigen Sonne zu Eigen machen. Ihr werdet sagen: »Ja, aber ich habe gelesen, dass die Sonne eines Tages erlöschen wird.« Macht euch deswegen keine Sorgen, bis dahin beschäftigt euch nur damit, sie als Symbol in das Zentrum eures spirituellen Lebens zu setzen!

Wenn ihr wollt, dann baut eure Wohnstätten mit den Materialien der Weisheit, denn sie sind solide, aber verseht sie im Inneren mit einer lebendigen Seele – sonst werdet ihr bald Schimmel auf den Wänden entdecken. Wenn ein Haus bewohnt ist, geht es nicht so schnell kaputt, wie wenn es unbewohnt ist. Die Gegenwart des Menschen, seine Aktivitäten, sein Atem beleben es. Es sagt sich: »Da jemand bei mir Schutz gesucht hat, muss ich stehen bleiben.« Aber wenn man es verlässt, beginnt es zu verfallen. So ist es immer. Also baut euer Haus gemäß den Vorschriften mit der Weisheit als Gerüst, aber erfüllt es mit Liebe, um es zu bewahren und zu stabilisieren. Wenn kein Leben darin kreist, wird es zusammenstürzen. Der Beweis: Wenn die Seele den menschlichen Körper verlässt, zersetzt er sich nach und nach. Was hat diese Wohnstätte gestützt? Das Leben, das darin floss. Jetzt steht ihr einem Leichnam gegenüber, und von welcher Wirklichkeit legt er Zeugnis ab...?

Nach und nach beginnt ihr die Tiefe der Worte Jesu zu verstehen: *»Ich bin der Weg, die Wahrheit und das Leben.« (Joh 14,6)* Christus selbst sagt uns: »Ich bin das Leben (die Liebe), das den Fluss füllt, ich bin der Weg (die Weisheit), auf dem ihr bis zur Quelle, der Wahrheit, gehen könnt.« Bemüht euch jeden Tag, in Gedanken aus diesem Fluss zu trinken, der von den Gipfeln kommt, euren Durst an der klaren und reinen Quelle der Liebe zu stillen. Indem ihr liebt, lasst ihr dieses Wasser des wahren Lebens durch euch hindurchfließen und alle Segnungen des Himmels kommen auf euch herab.

VII

DER BLAUE STRAHL DER WAHRHEIT

»Ich bin dazu geboren und in die Welt gekommen, dass ich die Wahrheit bezeugen soll«, sagt Jesus zu Pilatus, der ihn befragte. *»Wer aus der Wahrheit ist, der hört meine Stimme.« »Was ist Wahrheit?«*, fragte Pilatus (Joh 18,37). Aber Jesus antwortete nicht. Warum? Und während des letzten Gesprächs, das er mit seinen Jüngern hatte, sagte Jesus zu ihnen: *»Ich habe euch noch viel zu sagen; aber ihr könnt es jetzt nicht ertragen. Wenn aber jener, der Geist der Wahrheit, kommen wird, wird er euch in alle Wahrheit leiten.« (Joh 16,12)*

Wie viele Leute hoffen, dass sie eines Tages einen Eingeweihten treffen, der ihnen die Wahrheit enthüllt! Sie stellen sich die Szene sehr eindrucksvoll vor mit Blitzen, Donner, erzitternden Wänden und einer übernatürlichen Stimme, die zu ihnen spricht. Sie glauben, in einigen Sekunden verwandelt zu sein und für immer auf dem Weg des Guten vorwärts zu schreiten. Ja, wenn das so einfach wäre! Die wahren Eingeweihten machen niemals spektakuläre Enthüllungen, denn sie wissen nicht nur, wie schwierig es ist, die Wahrheit zu enthüllen, sondern auch, dass nur sehr wenige sie hören wollen. Und selbst die, die es wollen, haben selten die Kraft, sie zu ertragen.

Die Wahrheit ist nicht wie eine Pille, die man jemandem gibt, indem man sagt: »Hier, nimm!« oder eine magische Formel, die augenblicklich sein Verständnis für die Dinge verändern wird. Es ist selbstverständlich, dass ein Eingeweihter immer die Wahrheit enthüllt, aber zuerst einmal sind darunter die Gesetze und Methoden zu verstehen, die es dem Menschen ermöglichen, eine Arbeit an sich selbst vorzunehmen, denn durch diese vorbereitende Arbeit wird er die Wahrheit erlangen können. Wenn dem nicht so ist, was geschieht dann? Erst einmal gibt es diejenigen, die nicht verstehen können, was auch immer man ihnen sagt, und mit ihnen hat der Eingeweihte seine Zeit verloren. Dann gibt es diejenigen, die alles falsch verstehen und sich unbewusst dieser Wahrheit bedienen, um anderen und sich selbst zu schaden. Schließlich gibt es diejenigen, die die Wahrheit nicht annehmen, denn sie fühlen sich durch sie gestört; sie steht im Gegensatz zu dem, was sie als ihre Interessen betrachten.

In anderen Passagen des Evangeliums hat Jesus die Schwierigkeiten erwähnt, die demjenigen begegnen, der den Menschen die Wahrheit verkünden will. Zum Beispiel im Gleichnis des Sämanns: »*Siehe, es ging ein Sämann aus, zu säen. Und indem er säte, fiel einiges auf den Weg; da kamen die Vögel und fraßen es auf. Einiges fiel auf felsigen Boden, wo es nicht viel Erde hatte, und ging bald auf, weil es keine tiefe Erde hatte. Als aber die Sonne aufging, verwelkte es, und weil es keine Wurzel hatte, verdorrte es. Einiges fiel unter die Dornen; und die Dornen wuchsen empor und erstickten es. Einiges fiel auf gutes Land und trug Frucht ... Hört also, was das Gleichnis vom Sämann bedeutet. Wenn jemand das Wort von dem Reich hört und nicht versteht, so kommt der Böse und reißt hinweg, was in sein Herz gesät ist; das ist der, bei dem auf den Weg gesät ist. Bei dem aber auf felsigen Boden gesät ist, das ist der, der das Wort hört und es gleich mit Freuden aufnimmt; aber er hat keine Wurzel in sich, sondern er ist wetterwendisch; wenn sich Bedrängnis oder Verfolgung erhebt um des Wortes willen, so fällt er gleich ab. Bei dem aber unter die Dornen gesät ist, das ist der, der das Wort hört, und die Sorge der Welt und der betrügerische Reichtum ersticken das Wort, und er bringt keine Frucht. Bei dem aber auf gutes Land gesät ist, das ist der, der das Wort hört und versteht.*« *(Mt 13, 3-23)*

An anderer Stelle sagt Jesus noch: »*Ihr sollt das Heilige nicht den Hunden geben, und eure*

Perlen sollt ihr nicht vor die Säue werfen, damit die sie nicht zertreten mit ihren Füßen und sich umwenden und euch zerreißen.« (Mt 7,6) Diese Perlen sind die Wahrheiten, für die die Menschen noch nicht empfänglich sind. Wenn ihr sie ihnen vorstellt, werden sie sie nicht würdigen und euch zudem noch angreifen. Wie kann man sich nur vorstellen, dass es genügt, dass ein Eingeweihter kommt und den Menschen die Wahrheit sagt, damit diese sie akzeptieren? Die Geschichte liefert uns immer wieder Beispiele dafür, in denen derjenige, der es wagte die Wahrheit zu bringen, bedroht, gequält, gekreuzigt wurde. Übrigens, glaubt ihr, dass, wenn Jesus auf die Frage von Pilatus: *»Was ist Wahrheit?«* geantwortet hätte, es diesen davon abgehalten hätte, ihn zu verurteilen? Ganz bestimmt nicht, denn er war nicht bereit, die Wahrheit zu akzeptieren.

Man darf sich also nicht wundern, wenn Jesus – der nur drei Jahre mit seinen Jüngern verbracht hat, indem er ihnen seine Lehre weitergab und vor ihren Augen Wunder vollbrachte – ihnen bei der letzten Begegnung sagte: *»Ich habe euch noch viel zu sagen, aber ihr könnt es jetzt noch nicht ertragen... (Joh 16,12)«* Das beweist, dass er während der ganzen Zeit, die er mit ihnen verbracht hat, sie nur darauf vorbereitet hat, den Geist der Wahrheit zu empfangen.

Aber verweilen wir einen Augenblick beim letzten Teil der Worte Jesu: »*Wenn aber jener, der Geist der Wahrheit, kommen wird, wird er euch in alle Wahrheit leiten.*« In diesem Satz ist eine wichtige Idee enthalten, habt ihr sie bemerkt? Um nämlich die Wahrheit zu finden, müssen wir geführt werden, aber natürlich geführt werden von Geistern, die höher stehen als wir, damit sie uns ihre Erfahrungen übermitteln und uns mit der Wahrheit, mit Christus, sogar mit Gott verbinden können.

Die Richtung, das Wissen, die wahrhaftige Erfahrung kommen von oben. Seit der Erschaffung der Welt geben sich die Eingeweihten und großen Meister immer das gleiche Wissen weiter. Sie lehren, dass vom Atom bis zu den Erzengeln und bis zu Gott das Leben eine ununterbrochene Hierarchie von Wesen ist, die untereinander verbunden sind, und jeder stellt einen Teil dieses unermesslichen lebendigen Organismus, des Universums, dar. Wir haben alle irgendwo unseren Platz auf dieser Leiter der Geschöpfe. Über uns und unter uns befinden sich Wesen, die mit uns verbunden sind. Dieses Band existiert, ob wir es wollen oder nicht, aber es ist ganz wesentlich, dass wir uns dessen bewusst sind und dass wir uns bemühen, uns mit den Wesen über uns in Verbindung zu setzen, die uns immer höher mit sich fortziehen.

Wer glaubt, sich auf seine persönliche Erfahrung beschränken zu können, ohne sich mit der

Hierarchie der Geister des Lichts zu verbinden, wird wenig wirkliche Kenntnisse erhalten. Im Gegensatz dazu wird der, der aus der Bibliothek des Geistes schöpft, sehr reich werden. Es sind die Wahrheiten, die andere uns als Erbe hinterlassen, die uns retten werden. Wenn wir keine Freunde da oben hätten, die uns ihre spirituellen Reichtümer als Geschenk geben, wären wir verloren. Das ist auch die Bedeutung des Satzes von Jesus. Aber die Wahrheit enthüllt sich uns nur im Verhältnis zu der Liebe, die wir für diese Wesen des Lichts empfinden. Wenn wir sie nicht lieben, werden wir sie niemals verstehen, und die Wahrheit wird sich nicht in uns niederlassen. Es hängt von unserer Liebe und unserer Weisheit ab, inwieweit sich die Wahrheit in unserem Leben manifestiert.

»Wenn aber jener, der Geist der Wahrheit, kommen wird...« Wer ist dieser Geist der Wahrheit? In Wirklichkeit gibt es sieben Geister, die vor dem Thron Gottes stehen.* Es sind die Geister der sieben Lichter: der Geist des Lebens, der Liebe (das rote Licht), der Geist der Heiligkeit (das orangefarbene Licht), der Geist der Weisheit (das gelbe Licht), der Geist der Ewigkeit (das grüne Licht), der Geist der Wahrheit (das blaue Licht), der Geist der Kraft (das indigofarbene Licht), der

* Siehe Band 10 »Surya Yoga«, Kapitel 11.

Geist der göttlichen Liebe und des Opfers (das violette Licht). Das sind die sieben Geister der göttlichen Tugenden. Als der Geist der Wahrheit in die spirituellen Körper der Jünger hinabstieg, war er es, der in ihnen und durch sie Wunder vollbracht hat, die Dämonen vertrieben, die Kranken geheilt und die Auferstehung der Toten ermöglicht hat.

Dieses Versprechen, das Christus seinen Jüngern gegeben hat, hat er auch uns gegeben. Deshalb müssen wir, wenn wir aufgeklärt und stark sein wollen, folgende Bitte an den Herrn richten: »Mein Gott, bis jetzt wollte ich unabhängig werden; ich habe geglaubt, dass ich dadurch mächtig und reich würde. Aber ich merke, dass ich im Gegenteil schwächer und ärmer geworden bin. Von jetzt an will ich nicht mehr unabhängig sein: Sende mir den Geist der Wahrheit, um mich zu leiten, damit ich das Wahre vom Falschen unterscheiden und Gefahren vermeiden kann. Schreibe meinen Namen in Dein großes Buch, damit ich Dein Diener werde.«

Im Hebräischen, in der Kabbala, nennt man den Geist der Wahrheit Ruach ha-Emeth. Um mit ihm in Verbindung zu treten, könnt ihr euch jeden Tag auf das blaue Licht konzentrieren. Stellt euch seine Strahlen um euch herum vor, fühlt wie sie euch durchdringen und durchstrahlen. Nach und nach werdet ihr ein außergewöhnliches Gefühl von Frieden empfinden, denn der Frieden ist auch mit der blauen Farbe verbunden. Im Schoße dieses tiefen Friedens fallen Leidenschaften ab, ihr befreit euch von euren Vorurteilen, von euren Meinungen und alles erscheint euch klarer. Auf diese Weise schreitet ihr auf dem Weg der Wahrheit voran.

Nach und nach, wenn euer Glaube in die Kraft der Farben wächst, werdet ihr bessere Ergebnisse erzielen. Ich habe selbst seit Jahren diese Wissenschaft von den Farben praktiziert, und es ist mir klar geworden, dass die Kenntnis der verschiedenen Strahlen und ihre Anwendung ein höheres Wissen ist. Eines Tages werden sich alle mit dieser Wissenschaft des Lichts und der Farben – der Wissenschaft der Hierophanten im Altertum – beschäftigen müssen. Sie ist auch die Wissenschaft von Christus. Die Welt wurde durch das Licht erschaffen, und durch das Licht kann der Mensch selbst zum Schöpfer werden. Selbst wenn alle Wissenschaften eines Tages verschwinden würden, so würde doch immer noch die Wissenschaft des Lichts und der Farben bleiben: Sie sind die Tugenden des Lichts.

Aus diesem Grunde sollt ihr auch mit den gelben Strahlen der Weisheit und den roten Strahlen der Liebe arbeiten, um die blauen Strahlen der Wahrheit anzuziehen.

VIII

DIE WIRKLICH WAHRE WAHRHEIT

Es genügt, dass den Leuten ein Gedanke durch den Kopf geht, und schon glauben sie, das sei die Wahrheit. Leider genügt das nicht; auch die Verrückten haben Gedanken, die ihnen durch den Kopf gehen und die sie für die Wahrheit halten. Übrigens sind die Verrückten diejenigen, die am meisten überzeugt sind, dass sie die Wahrheit gefunden haben!

Aber wer die Wahrheit wirklich kennen will, muss versuchen zu verstehen, wie die kosmische Intelligenz die Dinge sieht und versteht, und das kann er nur wissen, wenn er die Natur beobachtet. Genau das mache ich. Wenn die Natur ja gesagt hat, akzeptiere ich eine Idee als Wahrheit. Wenn sie nein sagt, lehne ich sie ab. Ich akzeptiere nichts, ohne es in dem großen Buch der Natur zu überprüfen. Erstaunt euch das? Nun, staunt nicht zu lange, sondern nehmt diese Idee ernst, dass ihr Überprüfungen in der Natur anstellen müsst, das heißt, die Bestätigung für das, was ihr denkt, im Mineral-, Pflanzen-, Tier- und Menschenreich, selbst in den Sternen zu finden. Wenn die Natur eure Sichtweise bestätigt, wird die ganze Welt sie eines Tages akzeptieren müssen; ja, denn die Natur steht hinter euch und unterstützt euch. Aber wenn die Natur nicht einverstanden ist, werden sie nach einiger Zeit entkräftet, selbst wenn im Augenblick die ganze Welt euren Theorien Beifall spendet, denn die Natur bestätigt sie nicht.

Aber die Wahrheit, ein philosophisches Problem, ist auch ein praktisches Problem. Warum? Weil sie unvollständig ist, solange man sie auf die Ebene des Denkens begrenzt. Um vollständig zu sein, muss sie auf die Ebene des Gefühls hinabsteigen und noch weiter auf die Ebene des Handelns. Theoretisch und intellektuell gesehen ist man immer bereit, eine Wahrheit gelten zu lassen, denn intellektuell gesehen ist alles einfach, ist alles möglich: Wenn es um die Theorie geht, verpflichtet man sich zu nichts. Das ist der Grund, warum eine theoretische Wahrheit unzulänglich ist; diese Wahrheit muss auf die Ebene des Gefühls und dann auf die Ebene des Handelns hinabsteigen, das heißt, man muss sie praktizieren. Und da wird es dann offensichtlich komplizierter. Ein Beispiel: Die meisten Menschen erkennen theoretisch an, dass alle Menschen Brüder sind. Aber gegenüber allen Menschen brüderliche Gefühle zu haben, das ist schon viel schwieriger. Und wenn es darum geht, brüderlich zu handeln, dann ist dies das Schwierigste, und – man muss es leider zugeben – das, was am schlechtesten in die Tat umgesetzt wird.

Ihr seht also, es genügt nicht, anzuerkennen, dass es die Wahrheit oben als Prinzip gibt. Damit eine Wahrheit wirklich zur Wahrheit für uns wird, müssen wir sie auf allen drei Ebenen erfahren, auf der mentalen, der affektiven und der physischen Ebene. Nur unter dieser Bedingung wird sie eine »wirklich wahre Wahrheit«. Es ist möglich, dass euch durch eine Erleuchtung die Wahrheit zuteil wird: Blitzartig durchdringt euch etwas und verändert vollständig alles, was bis dahin eure Überzeugung, eure Sicht der Dinge war. Nun, nur weil ihr fühlt, dass euer ganzes Wesen durch eine Offenbarung erschüttert wurde, ist diese Offenbarung nicht auch schon weit genug auf die physische Ebene hinabgestiegen, damit ihr die Wahrheit manifestieren könnt. Ihr wart hingerissen, ihr seid hinter ein Geheimnis gekommen, aber das reicht nicht aus, dass ihr sagen könnt, ihr hättet die Wahrheit verstanden. Alle möglichen Anzeichen in unserem täglichen Benehmen beweisen das Gegenteil. Erst dann, wenn es euch gelingt, das zu verwirklichen, was ihr versteht, habt ihr wirklich verstanden. Ja, drei Mal verstanden, das bedeutet verstanden: in den drei Welten. Es ist wichtig, die verschiedenen Ebenen des Verstehens zu begreifen: intellektuell, emotional und physisch.

Wie viele Personen habe ich sagen hören: »Ich habe verstanden, ich habe verstanden...« und nachher machten sie genau das Gegenteil von dem, was sie angeblich verstanden hatten. Ihr müsst wissen, dass ihr niemals behaupten könnt, verstanden zu haben, wenn ihr euch damit begnügt, Ideen zu akzeptieren und wenn ihr nicht auch daran arbeitet, sie praktisch anzuwenden. Das ist ein wichtiger Punkt unserer Lehre, dass wir den Schwerpunkt auf die Verwirklichung legen.

Die Wahrheit muss man essen, trinken, einatmen, damit sie durch eure Handlungen sichtbar und greifbar wird. Jede Wahrheit, die nicht umgesetzt wird, ist so gut wie nutzlos. Wozu ist es gut, erhabene Ansichten zu haben, wenn man sich wie ein Tier verhält?

Wenn man wirklich in seinem Inneren richtige Gedanken hegt, sollte man das Bedürfnis verspüren, die Taten mit den Gedanken übereinstimmen zu lassen. Wenn das nicht der Fall ist, dann bedeutet das, dass man in Wirklichkeit nicht richtig überzeugt ist. Man darf sich keine Komödie vorspielen. Solange man nicht realisiert, was man weiß, solange fehlt etwas in diesem Wissen. Es ist sehr schädlich, bei den Menschen die Illusion aufrecht zu erhalten, es sei nicht schlimm, wenn Handlungen und Gedanken nicht übereinstimmen. Aus diesem Grunde beschäftigt sich eine wahre Einweihungslehre mit allen Aspekten des Menschen und seinen unterschiedlichen Aktivitäten, die dazugehören. Die Suche nach der Wahrheit, welche die Daseinsberechtigung der Einweihung ist, betrifft den ganzen Menschen, nicht nur seine psychischen, sondern auch seine physischen Aktivitäten wie essen, schlafen, sich waschen, laufen usw.

Das Verständnis der Wahrheit ist nicht Sache einiger Zellen des Gehirns. Um die Wahrheit zu verstehen, reicht der Intellekt nicht aus. Der ganze Körper muss daran teilnehmen – nicht nur das Gehirn, sondern auch das Herz, die Lungen und so weiter, bis hinunter zu den Füßen! Die kleinsten Zellen müssen zur Kenntnis der Wahrheit beitragen, so dass Geist und Seele die Elemente absorbieren, die sie dann an das Gehirn weitergeben. Die Wahrheit kann nur durch den ganzen Menschen erfasst werden. Der ganze Mensch muss erwachen, vibrieren, wieder auferstehen.

Manche werfen mir vor, dass ich zahlreiche Gesichtspunkte der Philosophie oder der Einweihungswissenschaft beiseite lasse. Nun, sie sollen wissen, dass ich sie vor allem für mich selbst absichtlich beiseite gelassen habe. Und wenn ich sie absichtlich für mich beiseite gelassen habe, so nicht deshalb, damit sich andere auf diese Fragen einlassen. Ja, ich habe in meiner Jugend und auch später viele Bücher gelesen. Lernen, verstehen, wissen – nichts war wichtiger für mich. Ich habe mich für die abstraktesten Probleme der Einweihungsphilosophie begeistert. Aber nach und nach, unter dem Einfluss meines Meisters Peter Deunov, habe ich verstanden, dass das nicht das Wesentliche ist. Das wirklich Wichtige im Leben ist zu leben. Und leben, das bedeutet, sich auf der physischen Ebene zu manifestieren, mit Wesen und Dingen Beziehungen zu haben. Und dafür braucht man nicht alle möglichen abstrakten Theorien, sondern einige Kenntnisse, die sehr einfach anzuwenden sind.

Die Kenntnisse müsst ihr leben, damit sie für alle Ewigkeit in euch bleiben. Ja, das Einzige, was nicht ausgelöscht wird und was ihr sogar in die andere Welt mitnehmen könnt, sind die Kenntnisse, die ihr selbst durch euer eigenes Leben nachgeprüft habt und die für euch zu Fleisch und Blut geworden sind. Aus diesem Grunde versuchen die Eingeweihten, das Wesentliche zu wählen und es zu leben. Den Rest lehnen sie ab, da sie wissen, dass sie ihn auf jeden Fall eines Tages zurücklassen müssen, wenn sie die Erde verlassen, selbst wenn sie ihn nicht wissentlich und freiwillig ablehnen. Also solltet auch ihr verstehen, wie nützlich es ist, euer Wissen zu leben, es zu schmecken, es zu praktizieren, bis ihr fühlt, dass es zu eurer eigenen Quintessenz wird. Dann kann euch niemand mehr dieses Wissen wegnehmen, und außerdem werdet ihr es sogar wieder mitbringen, wenn ihr auf die Erde zurück kommt.

Damit will ich nun nicht sagen, dass ihr weder lesen noch studieren sollt, im Gegenteil, das ist nötig, selbst in einer Einweihungslehre müsst ihr damit anfangen, euch mit Ideen vertraut zu machen. Da ihr die Wahrheiten, die man euch darlegt, noch nicht fühlen, schmecken und leben könnt, müsst ihr sie Schritt für Schritt kennen und verstehen lernen. Aber der Unterschied besteht darin, dass ein spiritueller Meister euch immer dazu drängt, das Leben besonders zu betonen. Selbstverständlich gibt er euch Materialien – aber diese Materialien dürft ihr nicht in irgendeinem Winkel eures Kopfes behalten; ihr müsst anfangen, etwas damit zu konstruieren. Wenn ihr das nicht tut, müsst ihr immer wieder mit dem gleichen Studium anfangen und macht niemals Fortschritte. Das ist übrigens die größte Lücke, die alle kultivierten Menschen haben: Sie bedienen sich ihrer Kenntnisse, um zu sprechen, zu schreiben, zu lehren – aber nicht, um an sich zu arbeiten. Das ist der Grund, warum man sie trotz aller Kenntnisse als so schwach, so unstet empfindet!

Jetzt versteht ihr, warum ich so sehr darauf bestehe, dass ihr euch nicht damit begnügt, Ideen nur zu speichern. Ihr müsst sie auch fühlen, schmecken – und nicht nur schmecken, sondern sie auch praktizieren und realisieren.

IX

BLEIBT DER WAHRHEIT TREU

30.12.07 19:20

Ihr müsst verstehen, wo die Wahrheit ist, und wenn ihr es einmal begriffen habt, der Wahrheit treu bleiben, sie mit Ausdauer, Beständigkeit und Geduld bearbeiten. Wozu sollte es sonst gut sein? Es genügt nicht, gefunden zu haben und dann nichts mehr zu tun oder sich damit zu begnügen, dass man verkündet, was man glaubt gefunden zu haben. Nein, das Finden ist eine endlose Arbeit, denn in Wirklichkeit ist man niemals damit fertig, den Bereich der Wahrheit tiefgehend zu erforschen.

Wie viele Personen, die eine Musik gehört haben, die sie berührt hat, entschließen sich, ein Instrument zu spielen! Sie üben einige Tage lang, dann eine ganze Woche lang, dann geben sie es auf. Nach einiger Zeit fangen sie ein, zwei Tage lang wieder an, und dann geben sie es wieder auf. Und das geht immer so weiter, bis sie ganz damit aufhören. Also, wo ist ihre Ausdauer? Viele sind von der Wahrheit so begeistert wie andere von der

Musik – aber die Begeisterung hält nicht an und sie verlassen diesen Weg, sobald sie ihn zu schwierig finden.

Leider muss man zugeben, dass Beharrlichkeit und Beständigkeit nicht so sehr verbreitete Qualitäten bei den Menschen sind. Aber in der Einweihung sind es genau diese Qualitäten, die man vom Schüler verlangt.

Im alten Ägypten galt es als größter Sieg des Eingeweihten, eines Tages sagen zu können: »Ich bin beständig, Sohn des Beständigen, empfangen und gezeugt im Bereich der Beständigkeit.« Der würfelförmige Stein, auf dem die alten Ägypter ihre Pharaonen und Götter darstellten, war eines der Symbole der Beständigkeit, denn durch seine sechs gleichen quadratischen Seiten ist der Würfel genau der Körper, der das solideste physische Fundament darstellt. Diese Sitzposition auf einem Würfel ist charakteristisch für den Geist der ägyptischen Kultur. Man kann den Unterschied zur Kultur Indiens feststellen, wo die Gottheiten und die Weisen meistens auf dem Boden sitzend dargestellt werden, mit gekreuzten Beinen, in der Haltung, die man den Lotussitz nennt und die im Gegensatz zur anderen eine aufnehmende Haltung, ein mystisches Gefühl ausdrückt. Die Ägypter bestanden viel stärker auf dem Willen, auf der Aktivität – das ist der Grund, warum sie diese auf einem Würfel sitzende Haltung gewählt haben. Sie gab ihnen Stabilität und trieb sie zur gleichen Zeit zur Aktion an. Wenn man sich auf einen würfelförmigen Stein setzt, ist man dynamischer als wenn man sich mit gekreuzten Beinen auf die Erde setzt.

Aber verweilen wir nicht zu lange bei den Symbolen, denn das ist ein so weit reichendes und komplexes Gebiet, das man niemals erschöpfend behandeln kann. Bleiben wir bei dieser Qualität der Beständigkeit, die eine Essenz Gottes ist. Gott ist eine ewige, unveränderliche Essenz, Er ist absolute und ewige Liebe, absolute und ewige Weisheit, Seine Manifestationen und Formen sind unbegrenzt, aber Seine Essenz ist einzigartig und unveränderlich.

Für den Schüler, der den Weg des Guten und des Wahren gefunden hat, ist es äußerst wichtig, an dieser Eigenschaft der Beständigkeit zu arbeiten. Aber versteht mich richtig, beständig sein bedeutet nicht, verknöchert, starr, verstockt zu sein. Nein, man muss flexibel, offen in seinen Bekundungen sein, aber an seinem Ideal und seiner inneren Ausrichtung festhalten. Beständig sein bedeutet, seinen Überzeugungen und seiner Zuneigung treu zu sein. Derjenige, der sein Ideal aufgibt oder es verrät, verliert das Vertrauen der Lichtwesen der unsichtbaren Welt. Diese Wesen sind immer bereit, uns zu unterstützen, uns zu helfen, aber nur unter der Bedingung, dass wir unsere Überzeugungen nicht aufgeben. Den Schwankenden kann man den Schlüssel der Mysterien nicht anvertrauen; es ist jener Schlüssel, den der ägyptische Eingeweihte in seiner Hand hält und dessen Form dem Symbol der Venus ähnelt.

Aber nicht wahr, ihr möchtet nicht so viel von Treue und Beständigkeit hören. Das ist langweilig, ihr braucht Abwechslung. Aber wer sagt euch denn, dass Stabilität und Treue mit Veränderung unvereinbar sind? Man kann alles Mögliche verändern, vorausgesetzt man behält die Ausrichtung bei. Auch ich liebe Veränderung, und ich bin für Veränderung, für Vielfalt – aber nicht überall und nicht irgendwie. Ich bin für die äußere Vielfalt, aber für Vereinheitlichung im Inneren.

Man muss verstehen, wo sich die Wahrheit befindet und dann niemals davon abweichen. Selbst wenn ihr euer Verhalten nicht sofort mit dieser Wahrheit in Einklang bringen könnt, sagt euch, dass das kein Grund ist, sie aufzugeben. Wenn eure Suche aufrichtig ist, dürft ihr nicht aufgeben, was auch immer für Schwierigkeiten auftauchen, um etwa Angenehmeres oder Leichteres zu finden. Wenn ihr in einem bestimmten Augenblick gezwungen seid, in euren Bemühungen nachzulassen, verliert wenigstens nicht die richtige Richtung aus den Augen. Lasst diese vorübergehende Ermüdung oder Schwäche kein Vorwand dazu sein, die Ausrichtung zu ändern. Ihr seid entschuldigt, wenn ihr müde seid, und wenn ihr müde seid, dann ruht euch aus – aber ohne den Weg aufzugeben, auf dem ihr gerade vorwärtsschreitet. Es ist nicht nötig, einen anderen Weg einzuschlagen, nur weil man sich ausruhen will. Das Gefährlichste im Leben ist, die Philosophie unter dem Vorwand zu ändern, man sei nicht imstande, ständig ein Leben im Einklang mit ihr zu leben.

Ein Beispiel: Während mehrerer Jahre arbeitet jemand für ein Ideal. Er scheint selbstlos, großzügig, bereit, alle Opfer zu bringen. Aber man weiß, was in solchen Fällen passiert. Es gibt immer Leute, die Missbrauch betreiben oder die undankbar sind – und dann kommt der Moment, in dem er versucht ist zu sagen: »Ich bin ein Idiot, ich bin naiv, ich hätte von vornherein wissen sollen, dass das Leben ein Dschungel ist und dass auch ich, um Erfolg zu haben, Tricks anwenden, hinters Licht führen und keine Skrupel haben sollte. Oh, wie dumm war ich! Aber jetzt ist Schluss damit. Ich werde es wie die anderen machen.«

Nun, das ist die schlechteste Schlussfolgerung. Ich kann verstehen, dass es schmerzlich ist, seine Illusionen zu verlieren – wem sagt ihr das?... Aber warum dem noch den Verlust eures Ideals hinzufügen, das heißt, den Verlust des Einzigen, was eurem Leben wirklich einen Sinn geben kann? Von nun an, wenn ihr von den Menschen enttäuscht seid, dann weint ein wenig, wenn ihr nicht anders könnt, aber denkt niemals, dass ihr Unrecht daran getan habt, den göttlichen Weg der Güte, der Großzügigkeit, des Opfers zu beschreiten, denn dieser Weg ist der Weg der Wahrheit und ihr dürft ihn niemals verlassen.

Es ist richtig, dass das Leben uns manchmal mit Bedingungen konfrontiert, die uns irritieren und uns aus der Bahn werfen. Man weiß nicht mehr, was man machen soll... Aber nicht mehr wissen, was man machen soll, rechtfertigt nicht, dass man das aufgibt, von dem man weiß, dass es die Wahrheit ist. Im Gegenteil, genau in diesem Augenblick muss man noch mehr als sonst daran festhalten.

Man darf sich keine Illusionen machen, das Leben um uns herum wird sich niemals nach unseren Wünschen und nach unseren Bedürfnissen richten, es liegt an uns, die richtige Einstellung einzunehmen, die uns die Lösung für unsere Schwierigkeiten und das Heilmittel für unsere Leiden finden lässt. Immer nur zu klagen und zu sagen: »Warum sind die Leute so? Warum habe ich diese Schwierigkeiten? Warum ist das Dasein so schwierig?« nützt gar nichts. Solche Fragen sollte man sich nicht stellen. Im Gegenteil, man muss sich fragen: »Wie soll ich verstehen, was mir passiert? Wie kann ich es verwenden? Wie kann ich es transformieren, sodass es zu meiner eigenen Entwicklung und zum Wohle der anderen beiträgt?«

Das sind die Fragen, die man sich stellen muss. Dann kommt man voran und gewinnt unter allen Bedingungen an Stärke. Diese Mentalität ist sehr wichtig. Man muss sich immer sagen: »Wenn die unsichtbare Welt, wenn mein Schicksal mir solche Bedingungen auferlegt hat, dann ist das nicht, damit ich mein Gleichgewicht verliere, sondern damit ich bestimmte Tatsachen verstehe und damit ich bestimmte Tugenden entwickle.« Wenn man so denkt, wird man immer stärker und beständiger.

Ja, sobald ihr einmal verstanden habt, wo sich die Wahrheit befindet, darf euch nichts davon abbringen, die Orientierung oder die Meinung zu ändern. Der Himmel nimmt es euch nicht übel, wenn ihr nicht jeden Tag die gleiche Harmonie, die gleiche Reinheit, die gleiche Ehrlichkeit aufrechterhalten konntet. Aber wenn ihr eines Tages »eure erste Liebe« verleugnet, wenn ihr nicht mehr an die Harmonie, die Reinheit, die Gerechtigkeit glaubt, wird euch der Himmel das nicht verzeihen. Der Himmel liebt die Wesen, die bei Schwierigkeiten nicht aufgeben und die fortfahren zu lernen, zu verstehen, etwas zu nützen und zu siegen, um immer weiter voranzuschreiten. Also, das ist das Wesentliche: durchhalten und vorwärtsschreiten.

X

ÜBER GESCHMACK LÄSST SICH NICHT STREITEN

Ihr ladet Freunde für einige Tage in ein wunderschönes Anwesen ein und bietet ihnen dort Konzerte, Spaziergänge im Park und köstliche Mahlzeiten... Ihr geht natürlich davon aus, dass jeder gemäß seines Temperaments oder seiner Sensibilität den einen oder anderen Aspekt dieses Aufenthalts mehr genießen wird, aber ihr seid euch sicher, dass alle den Komfort, das abwechslungsreiche und frische Essen, die Musik, die Farben, die reine Luft, das Licht, die Gesellschaft angenehmer Leute schätzen werden. Nun, was geschieht? Bald hört ihr alle möglichen Klagen und Beschwerden: Meine Leber, mein Magen können eine solche Nahrung nicht ertragen, in der frischen Luft bekomme ich Schnupfen, das Licht irritiert meine Augen, die Gesellschaft der anderen geht mir auf die Nerven, von der Musik kriege ich Kopfweh... Jetzt seid ihr in Verlegenheit: Ihr wolltet ihnen eine Freude machen und es ist euch nicht gelungen; ihr wisst nicht mehr, was ihr tun oder denken sollt. Also, was soll man über all diese Leute sagen? Nur, dass jeder auf seine Art krank ist, das ist alles. Und da sie krank sind, kann man sich nicht auf ihr Urteil verlassen.

Als Beispiel habe ich euch eine kleine Geschichte erzählt, und sie ist zweifellos etwas übertrieben. Aber nicht allzu sehr. Auf jeden Fall kann man sagen, dass die meisten Menschen in ihrem inneren Leben sich wie diese Kranken benehmen: Weisheit langweilt sie, Geduld geht ihnen auf die Nerven, Güte kommt ihnen dumm vor, Gerechtigkeit verlangt zu viel Anstrengung, Reinheit ist fad. Was die Liebe betrifft, so bedeutet sie ihnen nur insofern etwas, als die anderen sie lieben und für sie alle Opfer bringen.

Natürlich werden sie sich weigern, dies zuzugeben. Dennoch sieht die Wirklichkeit so aus, dass die Meinungen der Menschen meistens durch ihre körperlichen oder seelischen Schwächen, ihre niederen Bedürfnisse oder ihre Leidenschaften bestimmt werden. Das gilt leider auch für Schriftsteller, Denker und Künstler. Ihre Verbildung und ihre Untugenden bestimmen die Art und Weise, wie sie die Dinge sehen. Sie stellen ihr philosophisches System oder ihr Kunstkonzept als Ergebnis langer Überlegungen vor, und sie sind sicher aufrichtig; aber in Wirklichkeit sind diese Theorien nur der Ausdruck ihrer Launen und ihrer mehr oder weniger krankhaften oder schädlichen Neigungen. Es ist sogar verblüffend festzustellen, dass gerade diejenigen am meisten von ihren instinktiven Neigungen beherrscht werden, die am meisten davon überzeugt sind, eine objektive und unvoreingenommene Meinung über alle Probleme des Lebens zu haben.

Übrigens manifestiert sich diese Haltung von Kindheit an: Wenn ein Kind glaubt, seine Mutter sei böse, wenn sie es nicht alle Bonbons, Konfitüren und Kuchen essen lässt, auf die es Lust hat, ist es überzeugt, im Recht zu sein. Selbst wenn die Art der Wünsche und Bedürfnisse sich ändert, spiegeln diese Menschen weiterhin im Laufe der Jahre bis ins Alter die instinktiven Neigungen wider. Man kann sogar sagen, dass die Mehrzahl der Ideologien und philosophischen Systeme auf den Bedürfnissen der Menschen aufbauen, und oft sogar auf den niedrigsten Bedürfnissen. Nehmt als Beispiel die Theorien über die Sexualität: Da die meisten Männer und Frauen unfähig sind, sich zu beherrschen, haben die sogenannten Spezialisten Theorien dargelegt und Regeln aufgestellt, die in Wirklichkeit keinerlei objektiven Wert haben; sie betreffen nur schwache und unwissende Leute, die nicht wissen und nicht wissen wollen, dass die Sexualkraft wirkungsvoll zu ihrer spirituellen Entwicklung beitragen kann, anstatt in Vergnügungen verschwendet zu werden. Und das gilt für alles andere auch. Aus diesem Grunde ist es so schwierig, die Menschen etwas zu lehren und sie dazu zu bringen, die Wahrheiten der Einweihungslehre zu akzeptieren.

Ihr werdet sagen: »Aber wie ist es dann möglich, dass auf bestimmte Personen die Wahrheiten der Einweihung eine sofortige Wirkung haben?« Leider ist das nicht oft der Fall, aber es stimmt: Es gibt Personen die, wenn sie zum ersten Mal Wahrheiten aus der Welt der Seele und des Geistes hören, das Gefühl haben, dass sie sie schon immer gekannt haben, obwohl sie einen Augenblick vorher nicht die geringste Ahnung davon hatten. Das ist ein sehr interessantes psychisches Problem, das es wert ist, sich mit ihm zu beschäftigen.

Bevor der Mensch die lange Reise weit entfernt von seinem himmlischen Vaterland begonnen hat, lebte er im Schoße des Ewigen. Von diesem Paradies sind Spuren in ihm zurückgeblieben gleich einem fernen Lichtschimmer. In Wirklichkeit ist dieses Licht nicht fern von ihm, es ist in ihm auf der Kausalebene. Aber als er mehr und mehr in die Materie hinabstieg, durch die mentalen, astralen, ätherischen, physischen Ebenen hindurch, wo er jedes Mal neue Erfahrungen gemacht hat, hat er die Erinnerung an dieses Licht verloren. Dennoch haben nicht alle Menschen während ihrer aufeinander folgenden Inkarnationen die gleichen Erfahrungen gemacht, und während die einen sich auf verschlungenen und düsteren Wegen verirrt haben, haben die anderen im tiefsten Inneren ein deutliches Wissen um ihren himmlischen Ursprung bewahrt. Wenn sie bestimmte Enthüllungen der Einweihungswissenschaft erfahren, sagen sie deshalb: »Das weiß ich schon, es ist die Wahrheit, es kann nicht anders sein.« Die anderen jedoch, die sich in Unordnung und Chaos haben hineinziehen lassen, sind für diese Enthüllungen verschlossen. Damit sie sie wieder akzeptieren können, müssen sie versuchen, den Weg nach oben wieder aufzunehmen, indem sie sich reinigen und an der Qualität ihrer Gedanken und Gefühle arbeiten.

Wir sind alle in den Werkstätten des Herrn erschaffen worden, um die gleiche göttliche Wirklichkeit zu verstehen und zu leben. Was man jedoch vor allem beobachtet, sind die Unterschiede, die Widersprüche zwischen den Menschen, und das bringt alle möglichen Missverständnisse und Auseinandersetzungen mit sich. Natürlich bleiben da einige gemeinsame Grundbedürfnisse wie essen, trinken, schlafen, Kinder kriegen usw., mit denen jeder einverstanden ist, aber was alles andere betrifft, so ist es wie beim Turm von Babel. Die meisten sind bereit, das zu rechtfertigen, indem sie sagen: »Über Geschmack lässt sich nicht streiten.« Und um ganz besonders gebildet zu wirken, sagen sie es auf lateinisch: »De gustibus et coloribus non disputandum.« Das bedeutet, dass jeder von einer besonderen Verrücktheit besessen ist, und dass er das Recht hat, jeden Unsinn zu machen, den ihm seine Verrücktheit eingibt.

In Wirklichkeit folgen die Menschen zwei entgegengesetzten Tendenzen: nämlich einerseits die anderen nachzuahmen, andererseits, sich anders zu gebärden. Oft ist dann das Resultat, dass sie da nachahmen, wo sie es nicht sollten und dort das Gegenteil tun, wo sie eigentlich Harmonie erreichen sollten. Nun, gerade durch diese widersprüchliche Haltung gleicht man den anderen am meisten. Wenn ihr wirklich anders sein wollt als die anderen, müsst ihr es machen wie eine kleine Minderheit von Weisen, die nur daran arbeitet, Frieden und Harmonie in sich selbst und um sich herum herzustellen. Genau das macht ein geistiger Schüler. So unterscheidet er sich sehr von den meisten anderen Leuten. Gleichzeitig aber kann er ihre Leiden, ihre Krankheiten, ihre Ängste verstehen, wogegen all diese Leute, die sich ähneln, sich nicht verstehen. Sie haben dieselben Leiden, aber sie sind nur mit ihren persönlichen Problemen beschäftigt und können sich nicht an die Stelle eines anderen versetzen. Warum? Weil sie genau diejenigen nachgeahmt haben, die sie nicht hätten nachahmen sollen: launische und egoistische Menschen.

Jeder sagt: »Ich glaube, es ist so..., meiner Meinung nach müsste das so sein...« In Ordnung, aber sie müssten auch ein wenig die Meinung der anderen in Betracht ziehen. Von seinem Standpunkt aus gesehen hat jeder Recht, aber das Recht eines jeden führt zur allgemeinen Rauferei. Man sagt: »So geht es in der Welt zu«, und das führt von einer Rauferei zur anderen.

Und das Sonderbarste ist, dass zur gleichen Zeit die Leute es bedauern und beklagen, dass kein Friede einkehrt. Sie sind sogar erstaunt: »Aber wie ist es denn nur möglich, dass man es nicht fertig bringt, sich zu verstehen?« Und natürlich beschuldigen sie die anderen. Sie verstehen nicht, dass alles daher kommt, dass sie niemals damit einverstanden sind, nach dem Ursprung ihrer Meinungen zu forschen, um herauszufinden, ob sie wirklich gerechtfertigt sind.

Dennoch, im täglichen Leben gibt es viele Gelegenheiten, festzustellen, wie viele winzige Details ihre Wahrnehmungen und ihre Urteile verfälschen. Ein Schnupfen beraubt sie ihres Geruchssinns und Geschmackssinns; wenn sie Zahnweh haben, sind sie nicht imstande, nachzudenken, ein Glas Alkohol vernebelt ihr Sehvermögen derart, dass sie imstande sind, sich und andere Personen zu töten, wenn sie sich ans Steuer setzen.

So gibt es im täglichen Leben tausende von physischen, aber auch und ganz besonders psychischen Umständen, die uns daran hindern, Dinge und Situationen richtig einzuschätzen. Man glaubt, man sei objektiv, unparteiisch – aber in Wirklichkeit sind wir von Umständen abhängig: von den Erbanlagen, von der Erziehung, von der Stellung in der Gesellschaft, vom Umgang mit Leuten, von unserem physischen oder psychischen Zustand. Wenn ihr nicht gut geschlafen oder nicht gegessen habt, irritiert euch alles. Aber wenn ihr eine Beförderung im Beruf bekommt, findet ihr das Leben schön. Ihr zankt euch mit eurer Frau oder mit eurem Mann, und die ganze Welt kommt euch abscheulich vor. Ihr habt Beweise, dass ein Mensch böse und sittenlos ist und ihr denkt sehr schlecht von ihm. Aber auf einmal macht er euch ein wunderschönes Geschenk: Werdet ihr da nicht eure Meinung über ihn ändern? Es ist normal, dass man dazu neigt, Urteile den Umständen entsprechend abzugeben, aber man muss sich dieses »Drängens« bewusst sein, und ihm nicht nachgeben ohne nachzudenken. Denn was ist das für eine Wahrheit, die von so persönlichen Bedingungen und Standpunkten abhängt?

Natürlich muss man eine persönliche Wahrheit haben, aber dabei niemals aus den Augen verlieren, dass die Wahrheit weder von Umständen noch von Personen abhängt. Zum Beispiel ist man geneigt, den Worten von jemandem Gehör zu schenken, indem man seine Titel und seinen Rang in Betracht zieht. Wenn ein Armer euch eine Wahrheit sagt, hört ihr ihm nicht zu, einem Professor mit Titel dagegen, der euch dieselbe Wahrheit oder etwas weniger Bedeutungsvolles sagt, schenkt ihr eure ganze Aufmerksamkeit. Dennoch hat die Wahrheit ihren eigenen Wert, man muss sie um ihrer selbst willen schätzen, anstatt bei ihrer Form stehen zu bleiben oder bei den Titeln und dem Rang dessen, der mit euch spricht.

Eine Wahrheit behält ihren Wert aus jedem Mund, so wie eine Goldmünze in jeder Tasche ihren Wert behält. Natürlich, wenn ihr eine Goldmünze aus der Hand eines Königs erhaltet, dann bedeutet sie für euch etwas Besonderes, denn eure Eitelkeit wurde angesprochen. In Wirklichkeit enthält sie nicht ein Milligramm Gold mehr, aber ihr könnt sagen: »Der König hat sie mir gegeben!« Und es ist möglich, dass ihr sie teurer verkaufen könnt. Ebenso verkaufen sich Gegenstände oder Möbel teurer, die historischen oder berühmten Persönlichkeiten gehört haben; zum Beispiel Napoleon, Balzac oder Mme. de Stael... All das ist Snobismus, nichts anderes. Eine wissenschaftliche oder philosophische Wahrheit hat ihren eigenen Wert, selbst wenn sie nicht von einem Eingeweihten kommt. Wenn ihr genügend entwickelt seid, um euch nicht auf die Form zu beschränken, dann werdet ihr der Wahrheit, die euch ein Bauer sagt, die gleiche Aufmerksamkeit schenken, wie der, die euch ein König sagt.

Von Zeit zu Zeit solltet ihr also innehalten und euch fragen, was euch dazu bringt, eine Idee, eine Meinung zu akzeptieren oder abzulehnen. Versucht die Tendenzen in euch herauszufinden, die euch daran hindern, objektiv Stellung zu nehmen und seid nicht immer derart überzeugt, die Wahrheit zu besitzen. Solange die Menschen sich nicht entschließen, so zu denken und ein wenig bescheidener zu sein, werden sie sich wegen jeder Kleinigkeit bekriegen. Sie müssen sich all dieser niederen Tendenzen bewusst werden, die dazu beitragen, dass sie an ihrer irrigen Meinung festhalten, denn das hindert sie daran, die ursprüngliche Einheit wiederzufinden, in der alle Wesen sich endlich vertragen und verstehen können.

Und vor allem versteckt euch nicht länger hinter der Redensart »Über Geschmack lässt sich nicht streiten«. Natürlich bedeutet das nicht, dass ihr euch unter dem Vorwand, die Wahrheiten der Einweihungslehre zu besitzen, intolerant anderen gegenüber benehmen und versuchen sollt, ihnen bestimmte Ideen und bestimmte Regeln aufzuzwingen. Lasst die anderen in Ruhe. Ihr müsst in euch selbst dieses Bewusstsein entwickeln, dass es eine Norm für Meinungen und für Geschmack gibt. Das, was gut und schön ist, muss für alle gut und schön sein. Nur was die Quantität betrifft ist jeder frei, seinen Geschmack zu haben, was die

Qualität betrifft ist er es nicht: Man muss immer das wählen, was rein, lichtvoll, göttlich ist.

Im Universum gibt es eine Menge Engel und Erzengel, und niemand wird euch fragen, warum ihr diesen Engel und nicht einen anderen ausgewählt habt, und ihr könnt mit ihm zusammen sein solange ihr wollt. Aber wenn ihr zur Abwechslung einen Dämon ausgewählt habt, weil euch das origineller oder reizvoller vorkommt, dann wird der Himmel euch Vorwürfe machen.

XI

OBJEKTIVE UND SUBJEKTIVE WELT

Man nimmt im Allgemeinen an, dass die Gegenstände der materiellen Welt von jedem genau gleich wahrgenommen werden. Natürlich wird keiner sagen, der eine Wassermelone sieht, sie sei eine Katze oder ein Klavier, aber schon wegen der Farbe kann es eine Diskussion geben (ganz zu schweigen von den Farbenblinden, die rot und grün verwechseln); und je nach der Größe und der Kraft der Leute wird die Melone ihnen mehr oder weniger groß oder schwer erscheinen. Um eine objektive Wahrheit zu erhalten, braucht man Instrumente: ein Metermaß zum Abmessen, eine Waage zum Wiegen usw., aber der Mensch als solcher kann nicht vollkommen objektiv sein.

Wenn jemand euch von einem Geschehen erzählt, dem er beigewohnt hat, erwartet ihr, dass die Erzählung präzise ist: dass er euch nur erzählt, was er gesehen und gehört hat, ohne es mit seinen persönlichen Eindrücken zu vermischen. Einerseits habt ihr Recht, denn wenn er damit anfängt, seine persönlichen Standpunkte darzulegen, seine Gefühle, Eindrücke usw., könnt ihr nicht wissen, was wirklich geschehen ist. Aber wenn ihr wollt, dass er nur von den materiellen Dingen berichtet, von den Worten, Bewegungen, von dem Augenblick, der Dauer, dem Ort, den Entfernungen, als ob das alles von einer Kamera registriert worden sei, dann verlangt ihr von ihm, nur von einem Aspekt der Dinge zu sprechen. Es ist also nicht vollständig und ihr seid genauso wenig über die Wahrheit informiert.

Die Wahrheit liegt nicht nur in der Form, in den Elementen der physischen Ebene, die man beobachten kann. Sie ist auch im Inneren von uns selbst und in allem, das uns umgibt, in diesem nicht greifbaren, verborgenen Leben, das von Dingen und Wesen ausgeht, ausströmt, sich verbreitet... Wenn ihr von diesem Leben nichts sehen und nichts fühlen könnt, um es euch vorzustellen und zu erklären, dann habt ihr nicht wirklich Recht, wenn ihr sagt: Ich bin objektiv. Denn was bedeutet »objektiv« und warum misstraut man der Subjektivität so sehr!?

Wenn man die Objektivität der Subjektivität gegenüberstellt, stellt man der äußeren Welt die innere Welt gegenüber, als ob die eine die andere automatisch ausschließen müsste. Aber lasst uns ein Bild benutzen, damit es klarer wird. Stellt euch eine große Kugel vor. Ein Mensch befindet sich außen und ein anderer innen. Wenn man jeden von ihnen bittet, die Form der Kugel zu beschreiben, wird natürlich der, der draußen ist, sagen, sie sei konvex und der, der innen ist, wird behaupten, sie sei konkav. Lasst uns dieses Bild erklären: Derjenige, der außen ist, ist der Intellekt, der sich bemüht, die objektive Welt zu studieren. Derjenige, der innen ist, ist das Herz, das der subjektiven Welt eine Vormachtstellung einräumt. Nun, wer hat Recht? Natürlich beide, jeder zu fünfzig Prozent; aber da keiner sich bemühen will, den Standpunkt des anderen zu verstehen, ergeben sich endlose Diskussionen und Streitereien. So lange, bis ein drittes Prinzip sich einschaltet und ihnen erklärt: Hört mal her, jeder von euch steckt in einer Situation, in der er nur die Hälfte der Wahrheit kennen kann. Um die ganze Wahrheit zu kennen, muss man gleichzeitig außen und innen sein.

Ihr werdet sagen: »Aber welches Prinzip ist im Stande, sich eine derartige Situation vorzustellen? Es ist unmöglich, zur gleichen Zeit draußen und drinnen zu sein.« Ja, es ist sehr schwierig, aber es ist nicht unmöglich. Die Intuition hat diese Fähigkeit. Weil die Intuition zugleich Verständnis und Empfindung ist, durchdringt sie die Wirklichkeit mit einem einzigen Blick. Sie ist dazu fähig, den Intellekt und das Herz, das Denken und das

Fühlen, die Weisheit und die Liebe zu vereinen, um die Wahrheit zu ergründen.

Man findet die Opposition des Herzens und des Intellekts in den Kämpfen wieder, die sich Religion und Wissenschaft seit Jahrhunderten liefern. Das Gebiet der Wissenschaft ist die äußere objektive Welt, das Gebiet der Religion ist die innere subjektive Welt. Unter »Religion« soll man nicht die zahlreichen mehr oder weniger vernünftigen Doktrinen und Riten verstehen, die man den Menschen aufdrängen wollte, indem man ihnen die schlimmsten Strafen androhte, wenn sie sich diesen nicht unterwarfen. Nein, im weitesten Sinne ist die Religion das authentische mystische Gefühl, das manchen die Gewissheit gibt, dass nur das innere Leben das wirkliche Leben ist.

Man muss nun natürlich wissen, dass die Erforschung der inneren Welt sich schwierig gestaltet und dass man nicht ohne Risiko ans Werk gehen kann. Und hier ist die Einweihungswissenschaft von großem Nutzen, denn sie lehrt uns, dass der Schüler die dunklen Regionen der niederen astralen und mentalen Regionen durchqueren muss, wo man Illusionen und Verwirrungen findet, bevor er die hellen und leuchtenden Himmelsregionen der Einweihung erreicht. Ich habe schon oft von diesen Regionen gesprochen und euch erklärt, dass sie wie Nebel- und Staubzonen sind. Der Nebel, das sind all die niederen Gefühle des

Herzens und der Staub, das sind die Verwirrungen des Intellekts. Die Gefahr besteht darin, dort hängen zu bleiben, denn sowohl der Staub als auch der Nebel verhindern eine klare Sicht. Nur derjenige, der die Anstrengung unternimmt, diese unsicheren Regionen zu durchqueren, erreicht endlich den Gipfel des geistigen Berges, die Kausalebene.

Eine Einweihungslehre unterrichtet euch nicht nur über die Existenz verschiedener Welten, sie gibt euch auch Kriterien, um die Qualität eurer Bewusstseinszustände, eurer Emotionen und Gedanken unterscheiden zu können. Sie lehrt euch Methoden, um die spirituellen Organe zu entwickeln, dank derer ihr die Zone der illusorischen Wahrnehmung durchqueren könnt, um die Regionen der Seele und des Geistes zu erreichen. Dank der Arbeit und der Übungen wird ein Tag kommen, wo ihr die Dinge, die der psychischen Welt angehören, mit der gleichen Klarheit, der gleichen Genauigkeit und Präzision seht, wie auf der physischen Ebene. Nun könnt ihr das wirkliche Leben betrachten, habt eine umfassende Sicht der Dinge, und wenn ihr sie erklären oder beschreiben müsst, dann stellt ihr sie in ihrer umfassenden Wirklichkeit dar, weil ihr nicht nur persönliche Geschichten erzählt und euch auch nicht mehr mit dem äußeren Erscheinungsbild der Dinge begnügt.

Also, wenn ich davon spreche, wie wichtig es ist, der subjektiven Welt Bedeutung beizumessen, dann meine ich damit nicht, dass man die objektive Realität aufgeben soll, um sich von allem, was uns durch den Kopf geht, überzeugen zu lassen. Nein, das Gegenteil ist der Fall. Ich weiß, so wie ihr, dass man im Allgemeinen die Subjektivität mit persönlichen Meinungen, die auf Vorurteilen und Illusionen beruhen, gleichsetzt und dass dabei die absurdesten Täuschungen möglich sind. Bei einem Menschen, der nicht an sich gearbeitet hat, um seine Gedanken und Gefühle zu beherrschen, ist die subjektive Welt ein unüberschaubarer Wald, in dem er sich verirrt. Aber für den, der durch harte Arbeit diese Zone in sich überschritten hat, für den ist die subjektive Welt im Gegenteil eine Welt der Klarheit und der Sicherheit. Man muss also sehr wachsam sein und es sich zur Gewohnheit machen, seine Gedanken und Gefühle zu prüfen, um sich nicht zu verlaufen.

Die meisten Menschen haben keine Ahnung von der psychischen Welt und ihren Strukturen. Gefühle, Empfindungen, Gedanken und Begierden durchziehen sie, die sie so annehmen, wie sie eben kommen, ohne viele Fragen zu stellen. Sie können sich nicht vorstellen, dass diese psychischen Phänomene vielleicht bestimmten Regionen entsprechen, die sie sozusagen bewohnen und als deren Botschafter sie auftreten. Sie wissen auch nicht, dass auf diesem Gebiet noch eine Menge Arbeit auf sie wartet. So sind die einen die Opfer ihrer Illusionen und die anderen klammern sich zu ihrem Schutz an die objektive Welt. Aber die armen Unglücklichen, auf diese Weise werden sie niemals Klarheit gewinnen! Nein, denn Klarheit findet man nicht in der objektiven Welt. Oder vielmehr ist sie dort nur insoweit, als es dem Menschen gelingt, dort selbst Licht hinein zu projizieren. Wenn er dieses Licht, diesen Leuchtturm, diesen Projektor seiner subjektiven Welt nicht in sich selbst hat, kann er auch in der objektiven Welt keine wirkliche Klarheit erhalten. Das Licht ist nicht Sache der objektiven Welt. Wenn von euch kein Lichtstrahl kommt, können eure Augen die objektive Welt nicht entschlüsseln.

Aber ja, man muss nachdenken. Was kann euch an Objektivität bleiben ohne das psychische Leben, ohne das subjektive Leben der Gedanken und der Gefühle? Nichts, selbst die objektive Welt existiert nicht mehr für euch. Dank eures subjektiven Lebens kann dieses objektive Leben, auf das ihr so stolz seid, noch existieren. Schafft es ab, und ihr seid tot... und für die Toten gibt es weder Objektives noch Subjektives, es ist vorbei. Dank des subjektiven Lebens gibt es für die Lebenden etwas, was man objektive Welt nennt, mit der Sonne, den Sternen, Bäumen und Gebirgen. Also, wenn ihr euch auf die objektive Welt konzentriert, um dort Schutz zu suchen, dann entfernt ihr euch vom Licht, ihr entfernt euch vom Leben und ihr werdet die Wahrheit niemals finden.

Es ist unmöglich, vollkommen objektiv zu sein, denn die objektive Welt bleibt immer etwas, das sich außerhalb von euch befindet. Wenn ihr zu jemandem sagt: »Seien Sie vollkommen objektiv«, so ist es, als wenn ihr ihn bitten würdet, nicht er selbst zu sein, und das ist nicht möglich. Man kann unmöglich nicht man selbst sein, also ist man immer subjektiv. Ihr könnt von den Leuten nicht verlangen, dass sie objektiv sind, ihr könnt sie nur auffordern, ihre niedere Subjektivität aufzugeben, um schließlich zur höheren Subjektivität zu gelangen.

Wenn ihr euch an der objektiven Welt festklammern wollt, so seid ihr frei es zu tun. Auch da werdet ihr eine Form der Wahrheit finden, aber sie ist begrenzt. Denn jenseits dessen, was man sieht und hört, gibt es viele andere Phänomene, für die die Ohren, Augen und das Gehirn höher entwickelt sein müssen.

Für den, der fähig ist, Dinge jenseits ihres Äußeren zu fühlen, gibt es eine lebendige, reichhaltige Wahrheit, und es gibt eine armselige Wahrheit für denjenigen, der nichts fühlt. Er hat in sich Türen und Fenster verschlossen und somit auch seine Wahrheit. Sie ist verschlossen und verbarrikadiert. Bei der Wahrheit handelt es sich um unsere Wahrheit! Ihr werdet sagen: »Ja, aber wenn man von der Wahrheit spricht, nimmt man Bezug auf eine objektive, von uns unabhängig existierende Wirklichkeit.« Einverstanden, aber um wahrgenommen und erkannt zu werden, muss sie durch unsere Subjektivität gefiltert werden. Wir bearbeiten und formen sie, indem wir ihr von unseren eigenen Elementen etwas hinzufügen oder wegnehmen. Es gibt also nur subjektive Wahrheiten.

Wie ist es zum Beispiel möglich, dass sich die Gelehrten nie einig sind bei der Frage nach der Existenz Gottes? Ja, es ist schon sonderbar: Da sind Menschen, die die gleiche wissenschaftliche Ausbildung, die gleiche Intelligenz, die gleichen materiellen Voraussetzungen haben, um ihre Meinung zu äußern... und sie sagen alle etwas anderes! Im Reichtum, in der Harmonie, in der wunderbaren Organisation der Materie fühlen die einen die Gegenwart eines Schöpfers, den sie respektieren und anbeten, während die anderen nur eine gut funktionierende Mechanik wahrnehmen, die sie dem Zufall zuschreiben. Das ist der Beweis, dass die materielle, objektive Wirklichkeit durch die Subjektivität der Individuen gefiltert wird.

Ihr werdet sagen: »Aber die materialistischen Wissenschaftler sind wenigstens ehrlich, sie sprechen nur von dem, was sie sehen!« Ihr könnt das Ehrlichkeit nennen, wenn ihr wollt. Ich nenne es eher Beschränkung, Engstirnigkeit, denn das heißt nichts anderes als sich über Äußerlichkeiten auszulassen. Und dabei wissen die Wissenschaftler am besten, wie der Schein trügen kann. Das bekannteste Beispiel ist das der Sonne und der Sterne, die scheinbar auf- und untergehen. Wie viele Leute gibt es noch heute, die davon überzeugt sind, dass sich die Sonne um die Erde dreht! Und jahrhundertelang war es für die Wissenschaftler gefährlich, das Gegenteil zu behaupten. Sie riskierten damit ihr Leben. Denkt nur an Galilei...

Damit man die Wahrheit sieht, darf man nicht bei dem stehen bleiben, was sich vor unseren Augen abspielt, sondern muss sich bewegen und den Standpunkt wechseln, den Standpunkt der Materie aufgeben und den des Geistes einnehmen. Die materialistische Philosophie, die davon ausgeht, dass der Mensch die Materie durch die fünf Sinne erfassen kann, geht von einer falschen Annahme aus, denn sie ist eine Philosophie des äußeren Scheines. Natürlich hat alles Äußere seine Daseinsberechtigung, aber man darf sich dadurch nicht täuschen lassen. Die äußeren Erscheinungsformen sind dazu da, um uns zum Nachdenken anzuregen, um es uns zu ermöglichen, den Ariadnefaden zu finden, der uns zur Wahrheit führt. Man muss also mit den Erscheinungsformen arbeiten, ohne sich durch sie abstumpfen zu lassen, denn das bedeutet den geistigen Tod.

Und das lehren uns die Eingeweihten: Je mehr der Mensch sich in dieser subjektiven Welt entwickelt, die auch die geistige Welt ist, desto mehr klart sich sein Blick auf und desto mehr entdeckt er die wirkliche Natur der Dinge. Er wird derart rein und transparent, dass die Wirklichkeit keine Verformung erfährt, wenn sie seine psychische Welt durchquert. Seine Subjektivität und das objektive Universum verschmelzen, und in diesem Augenblick erkennt er die Wahrheit. Man kann die Wahrheit nur erkennen, wenn man sich von allen Elementen befreit, die wie Zerrspiegel in uns wirken. Wir sind also nur durch unsere inneren Fortschritte fähig, nach und nach die Wahrheit zu entdecken. Nur derjenige kann wirklich die absolute Wahrheit erkennen, der die Vollkommenheit erreicht hat. Bis zu diesem Zeitpunkt verstrickt man sich in Irrtümern und groben Annäherungen. Aber jedes Wissen durchläuft unabdingbar die Subjektivität des Menschen. Seine Subjektivität erhellt oder verdunkelt die Wirklichkeit.

Ende 30.12.2007 22:35

XII

DIE VORRANGSTELLUNG DER SUBJEKTIVEN WELT

31.12.

Unser Körper kann sich entwickeln, weil ihn das Leben in uns durchdringt und belebt. Natürlich kommt der Augenblick, wo wir aufhören zu wachsen, aber bis zu unserem Lebensende verändert sich unser Körper, denn das Lebensprinzip in uns durchdringt ihn immer weiter. Der Mensch formt seinen Körper und bleibt mit ihm durch alle möglichen Verbindungen in Kontakt, die ihm die Macht verleihen, auf ihn einzuwirken. Denn man kann nur auf etwas einwirken, was man durchdringt. Das ist ein Gesetz, das man niemals aus den Augen verlieren darf. Und da der Mensch nicht gelernt hat, die Gegenstände in seiner Umgebung zu durchdringen, so wie er seinen Körper durchdringt, kann er auch nicht auf sie einwirken, er hat keine Beziehung zu ihnen.

Diese enge Verbindung, die zwischen dem Leben in uns und unserem physischen Körper besteht, kann man noch klarer darin erkennen, was man die psychosomatischen Phänomene nennt. Eine Äußerung, die man jemandem gegenüber macht oder ein Gefühl, das er empfindet, kann ihn erröten, erblassen, gelb oder sogar grün werden lassen. Und denkt an die physischen Auswirkungen, die manchmal bei jemandem entstehen, wenn man ihm eine tragische oder eine glückliche Begebenheit mitteilt. Selbst wenn er nichts von dem sieht, was man ihm mitteilt, kann er eine sò starke Gefühlsaufwallung haben, dass er völlig erschüttert ist und ohnmächtig wird. Was hat es also mit der Neuigkeit auf sich? Wie kommt es, dass etwas Immaterielles jemanden so sehr durcheinander bringen kann, dass er krank oder verrückt wird und sogar stirbt... oder im Gegenteil eine wunderbare Heilung bewirkt?

Eine Mutter ist seit Jahren gelähmt. Eines Nachts bricht ein Feuer im Haus aus. Ihr Kind schläft in einem anderen Zimmer. Der Schock, den sie bei dem Gedanken erleidet, dass ihr Kind bei lebendigem Leibe verbrennen könnte, ist so stark, dass sie aufspringt, um es zu holen und in Sicherheit zu bringen. Durch ihre Liebe wurde die Verbindung zwischen dem Nervensystem und den Muskeln wiederhergestellt. Natürlich ist so etwas sehr selten passiert, aber es ist passiert. Also, warum sollen wir diese Phänomene nicht erforschen? Ihr werdet mir antworten, dass man sie schon lange kennt. Ja, vielleicht, aber man hat sich noch nicht genügend mit ihnen beschäftigt, um zu verstehen, wie man sie benützen kann, um bestimmte physische oder psychische Zustände zu verbessern.

Aber kommen wir zu der Überlegung zurück, dass man nur auf das einwirken kann, was man auch durchdringt. Denn darin liegt das Geheimnis der Erschaffung der Welt. Man sagt, dass Gott die Welt aus dem Nichts erschaffen hat. Aber in Wirklichkeit hat Er etwas von Sich selbst ausgeströmt, eine Quintessenz, die Er nach außen projiziert hat. Diese Quintessenz hat sich allmählich kondensiert, um dann zu dem zu werden, was wir jetzt Materie nennen. In diesem Schöpfungsprozess stößt man wieder auf die Frage der objektiven Welt und der subjektiven Welt. Durch den häufigen Gebrauch bestimmter Wörter hat man schließlich ihren eigentlichen Sinn vergessen. Denn »subjektiv« bedeutet, was das Subjekt betrifft, und »objektiv« bedeutet, was das Objekt betrifft. Hierbei ist das Subjekt Gott. Ja, man kann sogar sagen, dass Er das einzige Subjekt der Schöpfung ist, die ihrerseits die objektive Welt darstellt. Und der Mensch, den Gott nach Seinem Bilde geschaffen hat, ist auch ein Subjekt, das mit der Materie arbeitet, um sie zu modellieren und zu formen. Natürlich erschafft er nicht die Materie, aber er erschafft die Bedingungen für sein Leben in der Materie.

Ich weiß, wie schwierig es für euch sein wird,

diese Wahrheit anzuerkennen, denn für die meisten von euch haben die materiellen Bedingungen Vorrang. Ihr glaubt, das Objektive bestimme das Subjektive, das heißt, eure psychischen Zustände hätten ihre Ursache in materiellen Elementen und Bedingungen. Oberflächlich betrachtet ist das richtig. Zahlreiche Umstände könnten glauben machen, das sei richtig, aber nur weil ihr euch nicht mit den Folgen beschäftigt; ihr zieht nur das Ende des Prozesses in Betracht. Um ein genaues Bild der Wirklichkeit zu bekommen, muss man den umgekehrten Weg gehen, zurück zur Quelle; denn an der Quelle hat alles seinen Ursprung.

Der Mensch ist auf die Erde hinabgestiegen und dabei in immer dichtere Hüllen eingetreten, die die Einweihungslehre Körper genannt hat. Mit dem subtilsten beginnend sind das der Atman-Körper, Buddhi-Körper, Kausal-Körper, Mental-Körper, Astral-Körper und der physische Körper. Der physische Körper ist also die letzte dieser Hüllen. Der Geist hat sich immer mehr beschränkt, indem er in die Materie hinabstieg, aber er selbst hat diese Grenzen akzeptiert. Hätte der Mensch beim Hinabsteigen die Verbindung zu den höheren Regionen aufrechterhalten können, wäre er nicht so sehr behindert und erdrückt. Er beklagt sich, dass die materiellen Bedingungen die Situation beherrschen. Das ist aber nur so, weil die subjektive Seite ihren Platz aufgegeben hat, und nun bleibt ihm nichts anderes übrig, als sprichwörtlich »die Suppe auszulöffeln, die er sich eingebrockt hat« und »auf dem Teppich zu schlafen, den er ausgebreitet hat«.

Wenn man den wahren Ursprung der Dinge nicht sehen kann, dann kann man nur falsche Rückschlüsse ziehen. Wenn aber nun ihr, die ihr dieses Wissen erhaltet, wirklich den Wunsch habt, euch zu verändern, werdet ihr feststellen, dass die subjektive Seite – euer Geist, eure Seele, euer Denken und euer Wille – die objektive Seite formen kann, das heißt, alle Bedingungen in eurem Leben verbessern kann. Allmählich werdet ihr eure ursprünglichen Kräfte wiederfinden; alle Kräfte, die ihr vor eurem Abstieg in die Materie besessen habt. Darin liegt die Hoffnung, darin liegt das Heil. Warum wollt ihr das nicht verstehen?

Es liegt in eurem Interesse, diese Philosophie zu akzeptieren. Selbst wenn sie nicht vollkommen exakt wäre, ist sie doch besser als die dummen Theorien der materialistischen Wissenschaft, deren Grundlage nur im Äußeren der Dinge liegt. Voltaire hat gesagt, dass man Gott erfinden müsste, wenn es Ihn nicht schon gäbe! Und ich sage euch nun, dass ihr ein millionenfaches Interesse daran hättet, selbst wenn sie falsch wäre, diese Philosophie von der Vorrangstellung des Geistes anzunehmen. Mit ihrer Hilfe werdet ihr eure

Schwächen besiegen und euren Schwierigkeiten entgehen. Ich könnte euch viele Beispiele geben, aber eines ist genug.

Irgendwo hat sich jemand eine miserable Hütte aus Stroh und Lehm gebaut. Natürlich ist diese Hütte unbequem und er leidet. Nun, was ist die Ursache seines Zustandes? Die objektive Seite, die Hütte, oder die subjektive Seite, nämlich er selbst, der sich in diese unangenehme Situation gebracht hat? Natürlich er selbst, denn aus Faulheit, aus Unvermögen oder aus einem anderen Grund hat er es nicht verstanden, sich die Mittel zu beschaffen, um unter besseren Bedingungen zu leben. »Ja, aber«, werdet ihr sagen, »wenn er in so eingeschränkten Verhältnissen lebt, so deshalb, weil er in eine arme Familie hineingeboren wurde und weil er nichts gelernt hat. Also ist die objektive Seite entscheidend.« Nein, auch das scheint nur so, denn er hat sich in diese Familie inkarniert, weil er in einer vorausgegangenen Inkarnation nichts getan hat, um etwas Besseres zu verdienen. Man muss feststellen, dass es immer die subjektive Seite ist, die dominiert und die Richtung angibt. Oder jemand heiratet: Nach einiger Zeit beklagt er sich, dass die Situation unerträglich ist. Man wird sagen, dass es die objektive Seite ist, die ihn leiden lässt: der Mann oder die Frau, die Schwiegermutter usw. Aber nein, es ist die subjektive Seite, er selbst hat diese Situation geschaffen.

Ihr kennt Zement? Das ist ein Pulver, das beim geringsten Windhauch wegfliegen kann. Man fügt Wasser hinzu (und was ist flüssiger als Wasser?) und die Mischung ergibt eine knetbare Masse. Aber wenn ihr mit dem Fuß hineintretet, dann Vorsicht! Wenige Augenblicke später wird euer Fuß unverrückbar festsitzen. Um ihn zu befreien, muss man alles zerschlagen. Und wer weiß, vielleicht seid ihr sogar verletzt! Nun, das Gleiche geschieht auch mit unserem Schicksal. Alle Umstände in unserem Leben sind nur die Verwirklichung unseres psychischen Lebens, unserer Gedanken, unserer Gefühle. Und wenn wir nun Gefangene sind, das heißt, unsere Füße im Zement stecken – wer ist dann schuld daran? Es ist der Mensch, der sein Schicksal selbst erschafft. Und wenn er es erschaffen hat, lebt er darin, er ist davon abhängig, er ist ihm unterworfen. Aber die Wahrheit ist woanders. Man kann nicht den Schluss ziehen, der Zement habe den Fuß erschaffen, nur weil der Mensch ihn nicht mehr aus ihm befreien kann!

Das ganze Leben ist dazu da, uns zu zeigen, wo sich die Wahrheit befindet, aber man hat sie noch nicht gesehen oder entschlüsselt und verwechselt immer Ursache und Wirkung. Sicherlich können bestimmte Auswirkungen die Ursache anderer Ereignisse werden. Aber man darf nie vergessen, dass der wahre Ursprung der Dinge niemals im Materiellen zu suchen ist, er liegt im Geist des

Menschen. Anstatt nun immer die Bedingungen, die Familie oder die Gesellschaft zu beschuldigen, muss man sich deshalb sagen: »Also, mein Lieber, wenn du intelligenter gewesen wärst, wäre es nicht so weit gekommen. Du musst in dir selbst die Ursache für Glück, Unglück, Erfolg oder Misserfolg suchen und nicht außerhalb.«

Vielleicht liegen die Ursachen für eure gegenwärtigen Schwierigkeiten nicht in dieser Inkarnation, sondern in einer anderen. Wie dem auch sei, wichtig ist, dass ihr versteht, dass ihr selbst immer der entscheidende Faktor seid. Solange ihr die Tatsache eurer Verantwortung leugnet, arbeitet ihr an eurem Untergang, alles entgleitet euch. Aber in dem Augenblick, in dem es euch wirklich bewusst wird, dass alles von euch abhängt, haltet ihr die Zügel eures Schicksals in den Händen.

In mir selbst die Ursache von Glück, Erfolg suchen!!!
=> Erfolg u. Glück sind nur von mir selbst beeinflussbar

XIII

WISSENSCHAFTLICHER FORTSCHRITT UND MORALISCHER FORTSCHRITT

Man versteht die Anziehung, die die physische Welt ausübt. Die Natur ist so reich! Von den Steinen bis zu den Sternen gibt es unendlich viele Dinge zu beobachten, zu erforschen und zu sezieren. Vor allem heutzutage mit den perfektionierten Geräten. Man kann Tage und Nächte damit verbringen, und es gibt genug, um Tausende und Millionen von Wissenschaftlern bis an das Ende der Welt zu beschäftigen! Aber der Schöpfer, der dem Menschen die fünf Sinne als Instrument gegeben hat, um damit Forschungen in der physischen Welt anzustellen, hat ihm auch noch andere gegeben, um die innere Welt zu erforschen. Und da er beide Kategorien von Instrumenten besitzt, bedeutet das, dass er sie für eine vollständige Sicht der Wirklichkeit auch braucht. Er muss sie nur in sich selbst aufeinander abstimmen.

Natürlich ist die physische Welt leichter zu studieren als die innere Welt. Man kann die Gegebenheiten eines jeden Teiles wiegen, messen und zeichnen, und alle sind sich ohne weiteres bei den Zahlen und Formen einig. Aber zeichnet einmal die Karten der Welt der Seele und des Geistes, messt und wiegt die Zustände des Gewissens oder zeichnet die Umrisse der Gedanken und Gefühle!... Aber der Vorteil der inneren Welt besteht genau darin, dass sie vor Angriffen von außen geschützt ist, da nichts in ihr materiell ist. Niemand hat Zugriff auf eure Gedanken, auf eure Gefühle, auf das, was ihr glaubt. Selbst wenn man euch eure Bücher, eure Labors usw. wegnimmt oder euch in einem Gefängnis einsperrt, kann man euch nicht daran hindern, dass ihr euch reich und frei fühlt, dass ihr weiterhin nachdenkt und in euren inneren Labors Versuche macht.

Ihr werdet sagen: »Aber der wissenschaftliche Fortschritt ist trotzdem großartig!« Natürlich, der wissenschaftliche Fortschritt hat mehr Bequemlichkeit und mehr Sicherheit gebracht und erleichtert die Fortbewegung und die Kommunikation, es gibt mehr Medikamente, besser ausgestattete Häuser, Schulen, Fabriken, Krankenhäuser... Aber denkt nach und ihr werdet sehen, dass der ganze Fortschritt nur auf der materiellen Ebene zu finden ist. Aufgrund dieser Tatsache schwächt und betäubt er den Menschen, wenn dieser sich zum Ausgleich nicht spirituell betätigt.

Ich erinnere mich, dass einige Jahre nach dem

Zweiten Weltkrieg eine Gruppe tibetanischer Lamas nach Paris kam. Und da sie aus einem Land kamen, das man vom technischen Standpunkt aus als sehr rückständig betrachtete, wollte man ihnen die neuesten westlichen Errungenschaften zeigen, und man dachte, dass sie begeistert sein würden. Zum großen Erstaunen derer, die sie während ihres Besuchs begleiteten, waren sie nicht überrascht und drückten keine Bewunderung aus. Und als man sie nach ihren Eindrücken fragte, sagten sie, dass es nichts zu bewundern gäbe, weil diese Maschinen anstatt die Menschen zu befreien, sie zu Sklaven machten. Das ist übrigens ein Thema, das mehr und mehr die Leute beschäftigt, die nachdenken, denn es gibt nur in einer Richtung wahren Fortschritt, und das ist wissenschaftlich, technisch, das heißt materiell. Nun, der wissenschaftliche Fortschritt bringt den moralischen Fortschritt nicht einfach so mit sich, im Gegenteil, in einem gewissen Sinn bringt er für den Menschen einen Rückschritt, denn dieser hat sich auf den Weg der Erforschung und der Erschließung der physischen Welt begeben, ohne irgendwelche Vorsichtsmaßnahmen zu treffen.

Ja, es gibt ein Gesetz, das man kennen muss. Es besagt, dass jede Veränderung auf einem Gebiet Veränderungen auf anderen Gebieten mit sich bringt. Und wenn man keine Vorsichtsmaßnahmen ergreift, gibt es einen Rückschritt auf einem Gebiet, während sich auf dem anderen ein Fortschritt abzeichnet. Man wollte, dass die Wissenschaft die Religion ersetzt, das ist gut und recht, aber man hätte der Wissenschaft eine andere Dimension geben und ihr Blickfeld erweitern müssen. Es sprach nichts dagegen, dass die Wissenschaft und die Religion zwei entgegengesetzte Seiten der gleichen Wirklichkeit hätten sein können, wobei sich die eine auf die äußere Welt ausrichtet und die andere auf die innere Welt; denn der Mensch ist dafür gemacht, gleichzeitig in beiden Welten zu leben. Es ist wichtig, dass er sich des doppelten Aspekts der Realität bewusst ist und nicht versucht, den einen auf Kosten des anderen vorzuziehen. Nun, genau das haben die Menschen im Laufe der Jahrhunderte gemacht. Sie lehnten entweder die Wissenschaft im Namen der Religion oder die Religion im Namen der Wissenschaft ab. Sie haben nicht verstanden, dass sich die Wahrheit in der harmonischen Anpassung der beiden befindet, denn das Universum ist eine Einheit.

Jetzt muss ich klarstellen, dass ich, wenn ich von wissenschaftlichen Entdeckungen spreche, nicht nur diejenigen meine, die seit ungefähr einem Jahrhundert gemacht wurden. Es ist richtig, dass wir Zeugen ungeheurer Veränderungen waren, aber all das kennt man schon seit langer Zeit. In einigen Zivilisationen war die Wissenschaft sogar noch weiter fortgeschritten als heute. Sie hat die Menschen bereits einmal ins Verderben gestürzt, und die gleichen Gefahren bedrohen sie aufs Neue.

Die Geschichte der Menschheit richtet sich nicht nach einem regelmäßigen und kontinuierlichen Entwicklungsprogramm. Zuallererst muss man wissen, dass es schon mehrere Menschheiten gegeben hat, die in ihrer Entwicklung Brüche erlebt haben. Verschiedene wissenschaftliche oder technische Tatsachen waren zu bestimmten Zeiten schon Gegenstand einer Wissenschaft und sind dann in Vergessenheit geraten. Aber ich will mich nicht mit Einzelheiten befassen... Ich möchte euch zum Beispiel nur sagen, dass es in einigen alten Zivilisationen bekannt war, dass die Erde rund ist und um die Sonne kreist. Anschließend ist dieses Wissen verloren gegangen, und es hat Jahrhunderte gedauert, bis es sich wieder durchgesetzt hat.

Im Augenblick befinden wir uns wieder einmal in einer Periode großer wissenschaftlicher und technischer Erfindungen, aber was für Erfindungen das auch immer sein mögen, man darf nicht darauf zählen, dass sie der Menschheit für immer das Glück bringen. Und selbst die Forscher, so hervorragend sie auch sein mögen, werden den Sinn des Lebens nicht finden, wenn sie sich mit der Erforschung der Materie begnügen. Das ist so, weil sie mit ihrem Forschungsgebiet ebenso wie mit ihren Instrumenten, ihren Labors, ihren Forschungsobjekten außerhalb ihrer selbst bleiben. Das ist der Grund, warum es Forscher gibt, die phantastische Entdeckungen gemacht oder sogar den Nobelpreis erhalten haben, aber innerlich den Boden unter den Füßen verloren haben. Wenn sie die Philosophie der Eingeweihten gekannt und ihre Methoden angewandt hätten, hätten die Entdeckungen, die sie gemacht haben, sie gestärkt und sie auch innerlich erleuchtet. Das ist so bedauerlich für sie! Was für einen Sinn hat es, Entdeckungen zu machen, die das Leben für die anderen erleichtern, während man selbst in größter Verwirrung bleibt!

Darum sage ich zu allen Forschern: »Das ist in Ordnung, macht weiter so, wir brauchen eure Erfindungen, ihr beschert uns viele gute Dinge, Gott segne euch, aber solange ihr nicht eure Sicht der Dinge ändert, werden euch alle Entdeckungen unbefriedigt lassen.«

Und was noch schlimmer ist: Sie werden die ganze Gesellschaft in ihre Irrtümer verwickeln. Das ist die traurige Wirklichkeit. In gewisser Weise kann man sagen, dass die Menschen durch die Wissenschaftler daran gehindert werden sich weiterzuentwickeln; denn sie konzentrieren sich ausschließlich auf den materiellen, technischen Fortschritt und vernachlässigen den psychischen Fortschritt, die Verbesserung des Charakters der Menschen, ihre Entwicklung zum Edlen hin. Der wirkliche Fortschritt ist der moralische Fortschritt. Nach ihm streben die Eingeweihten, ihn haben die Wissenschaftler vernachlässigt. Aus diesem Grunde wird man sie eines Tages als die Gegner des wirklichen Fortschritts ansehen. Ja, so ist es, sie tragen eine ungeheure Verantwortung und sind ihrer Aufgabe nicht gewachsen.

All die Erfolge, auf die die Wissenschaft jetzt so stolz ist, geben einem wirklich zu denken und werfen so manche Frage auf. Besteht der wahre Fortschritt darin, Apparate auf andere Planeten zu schicken? Und was will man schließlich damit erreichen? Dort die Bodenschätze ausbeuten und die gleiche Unordnung schaffen wie auf der Erde? Warum das ganze Universum durcheinander bringen? Natürlich ist es an sich nichts Schlechtes, den Kosmos erforschen zu wollen, aber nicht, bevor man einige Dinge verstanden hat. Die Menschen haben vor nichts Achtung, sie halten sich für die Herren der Schöpfung, sie stellen alles auf den Kopf und verwüsten alles, ohne zu wissen, dass sie diese Gewalttätigkeit eines Tages sehr teuer bezahlen müssen. Solange die Wissenschaftler kein anderes Ziel haben, als sich auf die Natur zu stürzen, um sie zu durchwühlen, sie auszubeuten ohne an den Schaden zu denken, den sie dort anrichten können, so lange bleiben sie von der Wahrheit, die die Eingeweihten entdeckt haben, ausgeschlossen.

Ihr werdet sagen: »Aber was müssen sie denn

tun, um diese Wahrheit zu entdecken?« Tatsächlich studiert der Eingeweihte nichts anderes als der Wissenschaftler auch. Die Wirklichkeit ist für ihn genau dieselbe wie für alle anderen. Der Unterschied – und das ist das Wesentliche – besteht darin, dass er nicht bei der physischen Welt Halt macht. Er weiß, dass jeder Prozess in der Natur drei Aspekte hat, einen physischen, einen psychischen und einen geistigen; somit bemüht er sich, im inneren Leben die gleichen Manifestationen und Entsprechungen wiederzufinden wie auf der physischen Ebene. Wenn die Wissenschaftler nun einverstanden wären, ein wenig innezuhalten, um die Gesetze, die das Universum regieren, in ihren Tiefen zu erforschen, würden sie verstehen, dass in Wirklichkeit alle Elemente, alle Gegenstände, alle Phänomene, die sie studieren, ihnen von einer weiteren und reicheren Welt erzählen. Weil sie aber das Funktionieren dieser Gesetze nicht begriffen haben, hat der wissenschaftliche Fortschritt auch keinen moralischen Fortschritt mit sich gebracht.

Als die Physiker zum Beispiel entdeckt haben, dass es tatsächlich Wellen gibt, hätten sie weiter gehen müssen. Sie hätten herausgefunden, dass das nicht ein einzigartiges, isoliertes Phänomen ist, sondern dass es auch auf anderen Ebenen existiert, nämlich ebenso im Bereich der Gefühle und Gedanken. Und sie hätten sich nicht damit zufrieden gegeben, das nötige Wissen für die Herstellung von Radios weiterzugeben, sondern sie hätten entdeckt, dass das Gehirn ein Gerät ist, das Wellen aussendet und empfängt und dass es auch in diesem Bereich viel zu tun gibt. Natürlich wird Telepathie jetzt von manchen anerkannt, aber nicht von allen, und niemand hat bis jetzt alle Folgerungen bezüglich der Erziehung und der Kontrolle der Gedanken daraus gezogen. Und das ist nicht alles. Als sie entdeckten, dass es für die Wellen keine Grenzen gibt, hätten sie sich sofort darum bemühen müssen, alle Grenzen aufzuheben, um mit den Entdeckungen, die sie machten, in Einklang zu sein. Es ist richtig, dass es dahingehend einen gewissen Fortschritt gegeben hat, aber es geht sehr langsam!

Also, wie ihr seht, machen die Wissenschaftler Entdeckungen, aber sie verstehen deren ganze Tragweite nicht. Das Telefon, die Fotografie, der Plattenspieler, das Radar, der Laser etc., alle wissenschaftlichen Entdeckungen müssen, um vollständig zu sein, auf die psychische und spirituelle Ebene übertragen werden. Und das gilt nicht nur für die Physik, sondern auch für die Chemie, die Astronomie, die Biologie etc. Selbst in der Aufstellung des Periodensystems der Elemente nach Mendelejew ist zum Beispiel jedes Element der Bote einer subtileren Wirklichkeit.

Wenn die Wissenschaftler über den materiellen

Aspekt der Wahrheit hinausblicken würden, dann würden sie die wahre Wissenschaft besitzen. Und es ist wirklich wünschenswert, dass sie das schaffen! Denn die wahre Wissenschaft bringt nicht nur Wissen und Verstehen mit sich, sondern sie ist auch eine Quelle des Gleichgewichts, der Freiheit, des inneren Friedens. Dagegen bringt uns die gegenwärtige Wissenschaft im Augenblick alle möglichen Dinge, die das Leben erleichtern, das stimmt schon, und man kann es nicht leugnen – aber durch die begrenzte Art, die Dinge zu sehen, sind die Menschen überfordert und manchmal sogar kränker und unglücklicher als zuvor.

Die zeitgenössische Wissenschaft befindet sich noch außerhalb der wahren Wissenschaft. Die Forscher arbeiten, ohne zu wissen, dass sie eigentlich die Grundlagen der wahren Wissenschaft in Händen halten. Viele sind erstaunt, dass der technische Fortschritt die Welt nicht verändert und fragen sich, was sie zum moralischen Fortschritt der Menschen beitragen können. Nun, die Antwort ist die Folgende: Außer an den Gesetzen der physischen Welt müssen sie zur gleichen Zeit daran arbeiten, die Gesetze der moralischen Welt zu entdecken.

XIV

WAHRHEIT DER WISSENSCHAFT UND WAHRHEIT DES LEBENS

Damit man ein Gebäude genau beurteilen kann, muss man es umrunden. Das Gleiche gilt, wenn man eine Situation genau beurteilen will. Man muss sie auch umrunden. Aber was macht man stattdessen? Man weigert sich, sich auch nur einen Zentimeter fortzubewegen und bleibt auf der Stelle stehen, gestikuliert und ruft: »Ich bin derjenige, der Recht hat, ich sage die Wahrheit...« Nein, man ist noch weit von der Wahrheit entfernt, solange man sich auf einen Aspekt der Realität beschränkt.

Um die Wahrheit zu entdecken, darf man niemals einen Teil der Zeit oder des Raumes isolieren. Wenn man über einen kurzen Zeitabschnitt nachdenkt, ein Menschenleben zum Beispiel, wird man nichts vom Ablauf der Ereignisse verstehen, denn dieses Leben ist nur ein Glied in einer langen Kette. Um zu verstehen, was ein Mensch im Laufe seiner Inkarnationen erlebt, darf man diese Inkarnation nicht isoliert betrachten, sondern muss sie mit allen Inkarnationen durch alle Jahrhunderte und Jahrtausende hindurch verbinden, und man muss zugleich wissen, dass sich diese Existenz in der Zukunft fortsetzt. Man täuscht sich immer, was die Bedeutung anbetrifft, die man der Gegenwart beimisst, wenn man sie nicht in dieser Kontinuität sieht, die von der Vergangenheit in die Zukunft führt.

Jedes Ereignis ist die Folge eines vorausgegangenen Ereignisses. Deshalb könnt ihr das, was in der Gegenwart passiert, nicht richtig erklären, wenn ihr nicht einen Blick auf die Vergangenheit werft. Und das ist noch nicht alles: Diese Gegenwart ist die Folge der Vergangenheit und ihr habt die Möglichkeit, sie zu bearbeiten, so dass die Zukunft sich so gestaltet, wie ihr sie euch wünscht. Also, um das Leben eines Menschen richtig zu verstehen, darf man es nicht nur als Folge seiner fernen Vergangenheit betrachten, sondern man muss es auch als Ausgangsbasis für eine neue Existenz sehen. Wer ein Menschenleben studiert, ohne zu berücksichtigen, dass es mit vergangenen und zukünftigen Leben verbunden ist, kann es nicht genau beurteilen.

Und diese Regel gilt nicht nur für die Zeit, sondern auch für den Raum. Keiner wird die Wahrheit finden, der – wie die Spezialisten – Gegenstände oder Geschöpfe studiert, ohne sie in die Gesamtheit des Lebens einzubinden. Nun, das ist ein Thema zum Nachdenken für Wissenschaftler und Forscher, egal auf welchem Gebiet sie forschen, denn alle neigen dazu, sich zu sehr zu spezialisieren.

Das Gute bei den Spezialisten ist, dass sie sich in ihrem Fachgebiet gut auskennen. Aber sie haben nur selten eine Ahnung auf dem Gebiet des benachbarten Spezialisten. Das fällt besonders in der Medizin auf, wo es immer mehr Spezialisten und immer weniger Allgemeinmediziner gibt. Ihr werdet sagen, dass diese Spezialisierung derjenigen entspricht, die man im Organismus findet, wo jedes Organ eine bestimmte Funktion hat, ob Leber, Milz, Herz, Lungen oder Nieren etc. Ja, das ist richtig, aber diese Spezialisten, die Organe, sind alle miteinander verbunden und bilden eine richtige Bruderschaft; sie arbeiten für die Einheit Mensch.

Man kann nicht leugnen, dass die Spezialisierung die Basis phantastischer Fortschritte ist. Um ihre Kenntnisse auf einem Gebiet zu vertiefen, müssen die Wissenschaftler ihr Forschungsgebiet begrenzen. Aber dann ist es wichtig, dass sie die Verbindungen erkennen, die zwischen dem Gegenstand, den sie erforschen und der Gesamtheit der Schöpfung existieren. Aber was machen sie? Sie lösen etwas Rinde vom kosmischen Baum ab, und wenn sie sie richtig abgeschält und gewogen haben, dann schreiben sie darüber Bücher und laden einige hundert Personen ein, ihre Kollegen, ihre Studenten und halten einen Vortrag, in dem sie die Ergebnisse präsentieren. Und das nennen sie dann »Wissenschaft«. Aber sobald dieses Stück abgelöst ist, ist es in gewisser Weise tot! Da es vom universellen Wesen abgetrennt ist, ist es tot. Es ist vielleicht nicht physisch tot, aber vom Standpunkt des kosmischen Lebens aus ist es tot.

Sollten die Wissenschaftler diese Frage eines Tages endlich vertiefen, werden sie feststellen, dass sie durch ihre Verhaltensweise erheblich zum falschen Verständnis dieser Ganzheit, die erst das Leben ausmacht, beigetragen haben und werden beschämt sein. Wenn sie die Besonderheiten eines Minerals, einer Pflanze oder eines Tieres aufzählen, kann man ihnen nichts vorwerfen. Was sie sagen, ist richtig, alles ist richtig... Aber diese Wahrheit ist nur Stückwerk. Um sie komplett zu machen, müssen sie den Gegenstand ihrer Studien mit dem kosmischen Leben verbinden, das sprudelt, vibriert und strahlt. Losgelöst von diesem Leben haben Pflanzen, Steine oder Tiere das Wesentliche verloren. Solange die Spezialisten verschiedener Disziplinen in diesem Sinne weitermachen, wird das, was sie eine wissenschaftliche Wahrheit nennen, eine unvollständige, verstümmelte Wahrheit sein!

Versteht mich richtig, es geht nicht darum, die

wissenschaftlichen Entdeckungen zu kritisieren oder sie abzulehnen; das Problem liegt ganz woanders, nämlich im Kopf der Forscher, in ihrer Einstellung gegenüber dem Leben, in ihrem Unvermögen, ihre Forschungsobjekte mit der Gesamtheit des Lebens zu verbinden. Sie betonen zu sehr die Analyse und lassen die Synthese unbeachtet. Und das Schlimmste ist, dass sie ihre Forschungsmethoden, mit denen sie die Materie studieren (zerlegen, auflösen, spalten), schließlich auch beim Menschen anwenden. Auch ihn versuchen sie zu verstehen, indem sie ihn zerreißen und in Stücke schneiden. Diese Neigung zum Sezieren ist übrigens überall in der Wissenschaft so verfestigt, stark und betont, dass sie auch Veränderungen im gesellschaftlichen, moralischen, spirituellen Leben mit sich gebracht hat. Jeder will sich von den anderen abtrennen und isolieren. Das bedeutet Feindseligkeit, Voreingenommenheit, Krieg... Seht, das ist das Ergebnis der Analyse!

Und selbst auf der Ebene der Länder sind zum Beispiel Patriotismus und Nationalismus nichts anderes als eine Manifestation dieser Philosophie der universellen Trennung. Ich werde kein Land nennen, denn ich habe nicht den Auftrag, mich mit Politik zu befassen. Ich beobachte nur, was vor sich geht und erkläre daran die Prinzipien im Lichte der Einweihungslehre. In der ganzen Welt und selbst in den westlichen Ländern, tauchen alle möglichen Bewegungen auf, die Trennung predigen. Immer mehr Menschen werden Analytiker, und wenn das so weitergeht, werdet ihr sehen, dass binnen kurzer Zeit die ganze Welt vollkommen »analysiert« bzw. zerstückelt sein wird!... Es ist höchste Zeit, dass man sich mit der Synthese befasst. Ich will damit nicht sagen, dass die Länder nicht mehr frei oder autonom sein sollen, aber sie sollten sich als Glieder desselben Organismus fühlen, eines Ganzen, einer umfassenden Einheit, denn dann würde das Leben harmonisch fließen. Synthese bedeutet Leben, Ewigkeit, Unsterblichkeit. Aber ich weiß, dass mich nur sehr wenige verstehen werden, denn die Denkweise ist von all den Theorien, die von Zeitungen, Büchern und in Filmen verbreitet werden, verdorben... Da geht es immer darum, etwas zu beseitigen, abzuschneiden, zu entfernen...

Alle sind für die Analyse, für teilen, trennen, zerlegen, zerreißen. Selbst in den Familien ist jeder so sehr Analytiker geworden, dass man sich gegenseitig nicht mehr erträgt. Wegen einer Lappalie trennt man sich. Jetzt muss man die Synthese studieren, denn Synthese bedeutet Liebe, Verstehen, Eintracht. Ihr werdet sagen: »Also, wenn die Synthese Liebe ist, dann ist die Analyse Weisheit!« Offensichtlich müsste man hier noch vieles klarstellen. Symbolisch gesehen kann man sagen, dass Synthese Liebe ist, weil das Herz addiert, vereint und dass Analyse Weisheit ist, weil der Intellekt im Gegensatz dazu subtrahiert, zerlegt und teilt. Aber man muss zugeben, dass nicht alle Synthesen und auch nicht alle Analysen hervorragend sind. Deshalb ist es notwendig, mit all diesen Begriffen jonglieren zu können.

Man kann sogar sagen, dass manche in ihrer Art zu lieben eher Analysen als Synthesen anwenden. Zum Beispiel sind diejenigen, die sich damit zufrieden geben, einen Mann oder eine Frau zu lieben, Analytiker. Sie vergessen die anderen, sie wollen sie nicht kennen lernen, sie freuen sich nicht darüber, dass sie existieren, sie konzentrieren sich nur auf eine Person – und das ist übrigens der Grund, weshalb sie Enttäuschungen und Leiden begegnen. Auch sie müssen die Synthese erlernen, damit in ihren Gedanken und in ihrer Liebe die ganze Welt zu einer Einheit wird.

Aber kommen wir zur Wissenschaft zurück. Da sie sich zu sehr auf das Gebiet der Fakten beschränkt, erlebt man jetzt eine so starke Zersplitterung, dass man nicht mehr weiß, wie man die Anhäufung von Entdeckungen, die jeden Tag gemacht werden, in den Griff bekommen kann. Man geht darin unter. Ich sage nicht, dass man die Dinge nicht mehr gründlich beobachten und erforschen soll, aber wenn man nicht weiß, wie man die Fakten studieren und sie zu einem viel größeren

Ganzen verbinden soll, dann fehlt dem Blick zunehmend jede Orientierung, man erreicht das Gegenteil von dem, was man will.

Nichts ist wichtiger als eine Leitidee zu haben, wie ein Kopf, der lenkt. Aber die Wissenschaftler, die das nicht verstanden haben, türmen alles völlig ungeordnet aufeinander, und dies wird zu einer erdrückenden Last. Ihr werdet sagen, dass die Wissenschaft sich damit zufrieden gibt, Insekten, Bazillen oder Viren mit ihren Besonderheiten und ihrer Art der Vermehrung kennen zu lernen, damit man sich schützen kann. Das ist jedoch nicht so sicher. Wenn die Menschen lernen würden, in der Synthese zu leben, das heißt in Harmonie, in Einheit, in Liebe, dann wären sie gesund und hätten es nicht nötig, alle diese kleinen Tierchen in den Labors oder im Körper zu studieren. Warum macht man die ganze Zeit Analysen: Blutanalysen, Urinanalysen oder alle möglichen anderen Analysen? Weil man so umfassend »analysiert« wurde, kann man ohne Analysen gar nicht mehr leben. Lebt in der Synthese, dann braucht ihr keine Analysen mehr! Ihr werdet vielleicht niemals wissen, wie euer Urin beschaffen ist, aber ihr braucht das auch nicht, denn ihr werdet gesund sein.

Ich räume durchaus ein, dass die Wissenschaftler für ihre Arbeiten gezwungen sind, sich nicht nur auf ihr eigenes Spezialgebiet zu beschränken, sondern andere um Hilfe bitten müssen. Wenn sie zum Beispiel einen Satelliten konstruieren möchten, wie viele Disziplinen von der Mathematik bis zur Astrophysik müssen sie da in Anspruch nehmen! Aber ihre Methode, die ausreicht, eine Maschine zu konstruieren, reicht nicht aus, um die Geheimnisse des Lebens zu erforschen.

Wenn man Wesen und Dinge vom universellen Leben abtrennt, dann kann man nicht wissen, wie das Leben vibriert, pulsiert und sich in ihnen manifestiert, denn man hat sie sozusagen »vom Baum abgeschnitten«! Man isoliert einen Zweig, ein Blatt, eine Frucht, um sie genau zu untersuchen. Nein, man muss die Frucht direkt am Baum studieren, damit man versteht, inwieweit sie der Sammelpunkt aller zirkulierenden Energien ist.

Man hört immer wieder, wie die »wissenschaftliche Wahrheit« angepriesen wird. Nun, wichtiger als die wissenschaftliche Wahrheit ist die Wahrheit des Lebens. Wahrheit des Lebens, das bedeutet, dass man lernt, die winzigsten Kleinigkeiten mit einer zentralen Idee zu verbinden, sie in das kosmische Gebäude zu integrieren, um zu sehen, wie sie in Harmonie schwingen und am Leben des Ganzen teilhaben. Jede Beobachtung wird auf diese Weise als ein Element eingeordnet, das zur Erhaltung des Gebäudes beiträgt.

Man muss also wie die Wissenschaftler beobachten, präzise und genau studieren, aber darüber hinaus auch lernen, die Elemente aufeinander abzustimmen, damit zwischen ihnen etwas kreist, was sie – getrennt voneinander – nicht hatten. Und dieses »Etwas« ist das Leben. Das wahre Wissen findet man im Leben. Trennt Elemente voneinander und es ist kein Leben mehr da. Zu wissen welches Element welche Eigenschaft, welchen Geruch und welchen Geschmack oder welche Farbe hat, ist nicht das Wesentliche, denn solange das Element isoliert gesehen wird, nimmt es nicht am Leben teil. Aber verbindet es mit den anderen Elementen und das Leben erscheint. Ihr könnt alle Eigenschaften der Elemente kennen – solange ihr nicht wisst auf welche Weise das Leben zwischen ihnen kreist, habt ihr nicht das wahre Wissen.

Also, versteht mich richtig. Ich wiederhole es: Ich sage nicht, dass man sich nicht spezialisieren soll, ich bin nicht so engstirnig. Es ist mir klar, dass dies in den meisten Fällen bedeuten würde, dass ihr keinen Beruf ausüben dürftet, denn jeder Beruf bedeutet eine Spezialisierung. Ich will damit nur sagen, dass eurer Spezialisierung nicht euer Hauptaugenmerk gelten sollte. Das Wichtigste sollte das Leben in seiner ganzen Breite, seiner höchsten Dimension sein. Und sobald ihr dann fest in dem verankert seid, was wesentlich ist, könnt ihr es euch erlauben, alles zu erforschen, wozu ihr Lust habt.

Ihr habt erst dann die richtige Lebenseinstellung, wenn ihr eine klare Vorstellung von der Struktur des Universums habt, von den Wesen, die es bewohnen und von den Strömungen, die es durchziehen. Aber das Wesentliche ist, herauszufinden, was der Mensch selbst darstellt, wo sein Platz in der Welt und was seine Vorherbestimmung ist, und durch welche Faktoren in seinem Inneren er das alles verwirklichen kann. Danach könnt ihr euch dann mit Kristallographie, Botanik, Zoologie, Astronomie usw. beschäftigen, warum nicht! Und in dem Maße, wie ihr schon auf das Wesentliche hingearbeitet habt, werden alle diese Wissenschaften in einem neuen Licht erstrahlen und für euch eine andere Dimension annehmen.

Die Wissenschaftler machen den großen Fehler zu glauben, die Methoden, die sie anwenden, um die physische Welt zu studieren, hätten eine universelle Bedeutung und man könnte sie in allen Bereichen der Existenz anwenden. Und da sie weder Gott noch die kosmische Intelligenz durch ihre Mikroskope oder Teleskope gesehen haben, lehnen sie beides ab. Ihre Studien zeigen ihnen laufend, dass eine erhabene Intelligenz über die Bewegungen aller Himmelskörper, die Aufeinanderfolge der Jahreszeiten und über das Funktionieren der lebendigen Organismen wie Pflanzen, Tiere, Menschen etc. herrscht, aber da sie dem Schöpfer nicht begegnet sind, um sich mit Ihm zu unterhalten, verleugnen sie Seine Existenz und betrachten die Schöpfung als einen Zufall. Nun, all diese Gelehrten müssen wissen, dass es nicht in der Natur an Intelligenz fehlt, sondern in ihren Köpfen. Ja, sie können folgerichtig denken und Schlüsse aus ihren Beobachtungen ziehen. Sie schneiden das Universum in Stücke und denken über diese Stücke nach. Aus diesem Grunde werden sie niemals die Wahrheit entdecken.

Um die Wahrheit zu entdecken, müsst ihr euch zu einem anderen Verständnis des Lebens erheben. Auf diese Weise erreicht ihr nicht nur ein besseres Verständnis der Dinge durch den Intellekt, sondern in eurem tiefsten Innern kommt gleichzeitig ein Regenerationsprozess in Gang; denn ihr seid wieder mit dem Ganzen in Verbindung gekommen, ihr verbindet euch mit den feinstofflichen Strömungen des Universums, ihr befindet euch mitten im kosmischen Leben, ihr nehmt an diesem Leben zusammen mit allen sichtbaren und unsichtbaren Geschöpfen teil und euer Bewusstseinsfeld weitet sich aus.

Diese umfassendere Auffassung von Wissenschaft ist zugleich die wahre Religion. Wozu soll es gut sein, wenn die Leute wiederholen, dass das Wort »Religion« vom lateinischen Wort »religere«, verbinden, kommt, wenn sie in ihren Köpfen nichts als Trennungen vornehmen? Ihr erwidert: »Aber die Verbindung, von der Sie sprechen, ist die Verbindung mit Gott.« Ja, schon, aber was bedeutet eine Verbindung mit Gott, wenn sie mit der Trennung von allem anderen einhergeht?... Das gleiche Band, das den Schöpfer und die Geschöpfe verbindet, muss auch alle Geschöpfe untereinander verbinden, und ebenso alle Elemente der Schöpfung. Das Verständnis dieser Verbindung ist die wahre Religion. Wahre Religion und Wissenschaft sind also gewissermaßen ein und dasselbe. Die Trennung zwischen Wissenschaft und Religion, auf die manche so stolz sind, hat keinen Sinn. Wenn man Religion und Wissenschaft trennt, bedeutet das, dass man engstirnig ist; man hat weder die eine noch die andere richtig verstanden. Ist das jetzt klar?

Das Studium der physischen Welt darf uns nicht von Gott entfernen, sondern sollte uns Ihm näher bringen. Deshalb lehnen die wahren Eingeweihten die Welt nicht ab, sie betrachten sie als ihr Labor und bedienen sich aller Elemente, die sie enthält. Sie wissen, dass sie dank dieser Elemente eines Tages den Stein der Weisen herstellen können. Diejenigen, die jede Verbindung zur Welt durchtrennen wollen, haben nicht Recht. Gott hat dieser Welt einen unermesslichen Reichtum gegeben, aber wir brauchen das Licht des Einweihungswissens, damit wir lernen, diesen Reichtum zu nützen, anstatt unter seinem Gewicht zusammenzubrechen. Es geht darum, das Licht zu haben und nicht darum, uns von der Welt abzuschneiden. Wer sich von der Welt abtrennt, unterzeichnet sein Todesurteil.

Man kann sagen, dass sich die Vorgehensweise des Wissenschaftlers und diejenige des Eingeweihten ergänzen. Der Wissenschaftler arbeitet mit den Methoden der Analyse, die die Einzelheiten studiert, der Eingeweihte mit den Methoden der Synthese, die die Gesamtheit umfasst. Das Ideal ist, die beiden zusammenzubringen. Also, denkt von nun an daran, allem, was ihr hören, sehen, studieren oder anfassen könnt, einen Platz im Ganzen zu geben, lasst es nicht draußen, verstreut, getrennt vom Lebensbaum. Diese Einstellung, diese Art, die Dinge zu verstehen, wird nach und nach in euch alle feinstofflichen Zentren erwecken. In der Mystik der Hindus werden diese Zentren Chakras genannt. Es wurden viele Methoden angegeben, um sie zu entwickeln, und einige dieser Methoden sind sehr gefährlich. Die beste – welche ich euch gebe – besteht darin, dass ihr daran arbeitet, die Einheit des Lebens in euch zu verwirklichen.

Selbst wenn im Laufe der Geschichte nicht alle Eingeweihten in vollkommen gleicher Weise aufgetreten sind – einige manifestieren sich vor allem als Meister der Liebe, andere als Meister der Reinheit, andere wieder als Meister der Weisheit – so mussten doch alle wahren Eingeweihten einen Punkt erreichen, an dem sie die Gesamtheit der Dinge, der Wesen und der Tätigkeiten umfassten. Selbst wenn jeder Eingeweihte einen bestimmten Auftrag hat, spezialisiert er sich nicht, sondern bemüht sich, die ganze Fülle des Lebens zu leben.

Ein Meister oder ein Eingeweihter ist also ein Mensch, der sich mit dem Leben in seiner Gesamtheit befasst. Er vergisst die Einzelheiten nicht, aber das Wesentliche ist für ihn das Leben: wie man es schützen, bereichern, reinigen kann. Denn das Leben ist die einzige Wirklichkeit, die alle anderen enthält. Und um das Leben in seiner Gesamtheit zu erfassen, muss man zur causa prima, zur ersten Ursache, zurückgehen, zur Quelle, zu Gott. Also, passt auf und haltet die Verbindung aufrecht zur Ursache aller Ursachen, der göttlichen Quelle.

XV

WIE MAN LERNT, ALLES SO ZU SEHEN, ALS SEI ES ZUM ERSTEN MAL

Den meisten Menschen erscheint das Leben monoton und sinnlos, weil sie ein zu enges und zu oberflächliches Verständnis der Wirklichkeit haben. Sie beurteilen Wesen und Dinge nach dem äußeren Eindruck und bilden sich ein, das genüge für das tägliche Leben.

Betrachten wir nur einmal die Art und Weise, wie sich Männer und Frauen im Allgemeinen gegenseitig betrachten. Wenn sie sich schon eine gewisse Zeit kennen, denken sie, es gäbe nichts Neues mehr aneinander zu entdecken. Und genau deshalb entdecken sie auch wirklich nichts mehr, langweilen sich und werden gleichgültig. Ihre Beziehung wurde zu einer Geschichte, die sich ständig wiederholt und sie entfernen sich voneinander, sie trennen sich. Sie sind sich nicht im Klaren darüber, dass dieser Zustand daher kommt, dass ihnen der subtile Aspekt der Menschen – ihre Seele, ihr Geist – entgangen ist. Und das Schlimmste ist, dass

Sie können sich immer wieder etwas Neues entdecken

sie glauben, mit diesem Handeln als erfahrene Leute zu gelten, die das Verhalten der anderen nicht mehr überraschen kann. Sie bilden sich ein, ihr Prestige vergrößere sich damit. Vielleicht nimmt ihr Prestige bei denen zu, die genauso blind sind wie sie; aber sie verknöchern, denn sie verschließen sich dem Strom des Lebens. Die Menschen sind lebendige Wesen und die Natur ist auch voller Leben, aber um mit diesem Leben in Berührung zu kommen, muss man in sich bestimmte Fähigkeiten der Wahrnehmung kultivieren. Das ist mit ganz einfachen Methoden möglich.

Beginnt zum Beispiel mit dieser Übung: Ihr geht morgens aus dem Haus und seht den Himmel und die Sonne. Lasst in euch das Gefühl entstehen, dass ihr sie zum ersten Mal seht. In diesem Augenblick entdeckt ihr ein völlig neues Leben in einem subtilen Bereich, das euch bis dahin entgangen ist, denn ihr habt eine dichte Wand in euch entstehen lassen. Und solange ihr euch nicht von dieser Wand befreit, werdet ihr niemals die wahre Intelligenz der Dinge verstehen.

Die wahre Intelligenz ist wie eine Quelle, die sich ständig erneuert, regeneriert und wie von Zauberhand neu belebt wird. Wahre Intelligenz ist ein Verzücktsein ohne Ende. Und begnügt euch nicht damit, euch der Natur gegenüber so zu verhalten, nein, lernt, euch auch den Menschen gegenüber so zu verhalten. Ihr werdet unerwartete

Entdeckungen machen und auch für die anderen viel interessanter und sympathischer erscheinen.

Das Wichtigste ist, mit dem Leben zu kommunizieren. Selbst wenn ihr alles über die Erde und den Himmel, über Steine, Pflanzen, Tiere, Sterne und über Menschen mit ihren Sprachen, ihren Kulturen und allen Besonderheiten ihrer Lebensweise wisst, werdet ihr immer einen Mangel, eine Unzufriedenheit und selbst eine Unlust empfinden, solange ihr nicht gelernt habt, mit den feinstofflichen Strömungen des Lebens, die darin zirkulieren, in Verbindung zu treten.

Ihr werdet sagen: »Was Sie da von uns verlangen, ist schwierig. Wir wissen nicht, wie wir das machen sollen!« Nein, es ist nicht schwierig, ich habe euch eine ganz einfache Methode gezeigt. Versucht immer, die Dinge und die Wesen so zu sehen, als sei es das erste Mal. Der Zweck dieser Methode ist, dass sie uns veranlasst, schöpferisch zu werden, und diese Fähigkeit zum Erschaffen gibt unserem Leben einen Sinn.

Wie, glaubt ihr, ist es möglich, dass Musiker das gleiche Werk hunderte von Malen spielen und Schauspieler das gleiche Stück, und dabei jedes Mal eine starke Wirkung auf das Publikum ausüben? Weil sie fähig sind, jeden Abend so zu spielen, als wäre es das erste Mal. Selbst wenn die Künstler nur Ausführende sind, so sind sie doch auch Schöpfer, weil sie jedes Mal wieder Leben hineingeben. Und ihr, warum macht ihr es nicht genauso? Warum die Kunst nur den Künstlern überlassen? Ihr könnt genauso in jedem Augenblick Schöpfer werden, indem ihr in alles, was ihr macht, betrachtet oder hört, Leben hineinlegt... Die einzige Bedingung ist die, dass ihr es so macht, als sei es das erste Mal.

Ich offenbare euch heute ein großes Geheimnis, das nur wenige Leute entdeckt haben und praktizieren. Sie leben jahrelang und machen alles immer automatischer. Sie essen, sie trinken, sie schlafen, sie gehen spazieren usw. – aber immer automatisch, und deshalb sind sie nicht glücklich. Was habe ich nicht alles mit dieser Methode, die ich bewusst anwende, entdeckt, indem ich alles so mache, als wäre es zum ersten Mal! Und so erscheint mir alles immer neu. Das stimmt wirklich. Denn seht, in Wirklichkeit ist nichts immer gleich: Die Wesen und Dinge sind lebendig, sie senden jeden Tag neue Schwingungen aus. Selbst das Metall einer Kette, eines Ringes oder einer Armbanduhr, die ihr tragt, schwingt jeden Morgen anders als am Abend vorher. Wenn ihr wirklich sensibel wärt, dann würdet ihr den Unterschied in der Bewegung der Elektronen spüren. Das lässt sich mit der Tatsache erklären, dass die Gegenstände eine Beziehung zu immer neuen Strömungen des Kosmos haben. Aber da ihr überhaupt nichts spürt, glaubt ihr, es sei immer alles gleich.

In Wirklichkeit ist nichts, nirgends, immer alles dasselbe. Und vor allem die Sonne ist immer neu, wenn sie am Morgen aufgeht. Das werden euch übrigens die Astronomen bestätigen. Von der Erde aus, mit bloßem Auge, sehen wir keine Veränderung, aber dank ihrer Apparate beobachten die Astrophysiker ein pulsierendes Leben auf der Sonne: Strömungen, Protuberanzen, Eruptionen... Und wenn auf der Sonne Veränderungen vor sich gehen, warum sollten diese Veränderungen sich nicht im gesamten Sonnensystem auswirken: auf Menschen, Tiere, Pflanzen, Steine und auch auf Metalle?...

Also, wenn ihr eine Wahrheit entdecken wollt, die jedes Mal eurem Leben einen neuen Sinn gibt, dann versucht von nun an alles so anzugehen, als wäre es das erste Mal. Denkt jeden Morgen beim Aufwachen, dass ihr die Welt neu entdecken könnt: Esst ein Stück Brot, betrachtet das Feuer, das Wasser, einen Baum oder einen Berg. Hört euch ein Musikstück an, trefft euch mit eurer Familie, mit euren Freunden – so als wäre es das erste Mal... und ihr werdet fühlen, wie euer Dasein mit jedem Tag reicher und schöner wird.

XVI

TRAUM UND WIRKLICHKEIT

Das, was sich außerhalb von euch oder in eurer Nähe abspielt, ist nicht das Wichtigste, sondern das, was sich in euch abspielt. Das, was ihr fühlt und was ihr lebt, das ist das Wirkliche für euch.

Wie viele Beispiele im Leben zeigen uns, dass die objektive Wirklichkeit weniger zählt als die subjektive Wirklichkeit! Angesichts des gleichen Ereignisses freuen sich manche Leute, wieder andere macht es traurig und andere lehnen sich auf. Und wie viele Leute leben mit Eindrücken, die keinerlei Bezug zur Wirklichkeit haben! Einige glauben sich von Bösewichten verfolgt und leben in Angst und Schrecken. Natürlich ist niemand da, aber sie sehen diese Bösewichte nachts hinter einer Mauer verschwinden, sie hören, wie sie näher kommen und miteinander flüstern. Wieder andere bilden sich ein, sie müssten sich nur zeigen, um Leidenschaft in den Herzen zu entflammen. Sie sehen den Ausdruck dieser Leidenschaft an allen möglichen Zeichen; in einer Geste, einem Lächeln, einem Wort, in dem sie alle möglichen unausgesprochenen Andeutungen vermuten; und selbst Gleichgültigkeit wird als Liebeserklärung gedeutet...

Es gibt unzählige Beispiele von Leuten, die auf allen möglichen Gebieten in einer Wirklichkeit leben, die sie sich selbst geschaffen haben, und sie erfreuen sich, sind beunruhigt oder regen sich über Dinge auf, die es nicht gibt oder die sie auf ihre Weise deuten. Man kann lange versuchen, ihnen ihren Irrtum aufzuzeigen – es ist unmöglich, sie zu überzeugen. Immer wieder kommen sie auf ihre Wahnvorstellungen zurück. Nicht die objektive Wirklichkeit beeinflusst ihre Subjektivität, sondern ihre Subjektivität erschafft für sie die objektive Wirklichkeit.

Diese Phänomene sind noch offenkundiger in den Träumen. Ihr träumt, dass ihr in einen Abgrund stürzt und habt fürchterliche Angst, aber dann erwacht ihr und werdet euch dessen bewusst, dass das, was euch so geängstigt hat, nur eine Täuschung war. Dennoch habt ihr während des Träumens nicht daran gezweifelt, dass es Wirklichkeit war. Manche Leute sagen, dass sie beim Träumen wissen, dass es sich um einen Traum handelt, aber das ist sehr selten. Ganz wenige Leute sind sich dessen bewusst, dass sie träumen, und sie haben tatsächlich die gleichen Gefühle, so als ob sie wirkliche Ereignisse erleben würden. Was für eine Enttäuschung ist es dann beim Aufwachen, dass sie die geliebte Person verloren haben, mit der sie in einem großen Park mit Blumen und Vogelgesang spazieren gingen! Oder im Gegenteil, welche Erleichterung, sich in seinem Bett, fern von allen Gefahren, wiederzufinden!

Ihr werdet sagen, dass ich euch da nichts Neues sage und dass euch alle diese Phänomene bekannt sind. Ich bezweifle das nicht. Aber was macht ihr mit diesem Wissen, um Ordnung in euer inneres Leben zu bringen? Denn darin liegt der Nutzen des Wissens, dass man nachher etwas anfangen kann, mit dem, was man weiß.

Also beobachtet euch, und wenn ihr feststellt, dass ihr die Dinge schwerer und dramatischer beurteilt, als sie sind, oder im Gegenteil ihren Wert oder ihre Schönheit herabsetzt, dann versucht Abhilfe zu schaffen. Da unsere Subjektivität ständig die objektive Realität verfälscht, warum sollte man dann nicht versuchen, sie in die konstruktivste Richtung zu lenken?

Und außerdem, wer sagt uns, dass die Wirklichkeit, die wir leben, die wahre Wirklichkeit ist? Zahlreiche Eingeweihte und Weise lehren uns, dass das Leben ein Traum ist und dass wir nur eine Welt des Scheins durchqueren, aus der wir eines Tages aufwachen werden. Das ist eine Idee, mit der ihr arbeiten solltet. Wenn ihr zum Beispiel eine schwierige Periode durchlebt, dann sagt euch: »Ich leide, ich bin krank, ich werde verfolgt. Ja, aber das ist eine Illusion, ich träume noch, und wenn ich aufwache, dann wird keine Spur von alledem bleiben.« Oder auch: »All diese Prüfungen betreffen mich nicht. Ich weiß nicht, wer sie erleidet... vielleicht mein Körper, aber auf jeden Fall nicht ich selbst. Ich selbst bin außerhalb von all dem, ich bin Zuschauer, ich bin unverletzlich.«

Ihr werdet sagen, dass ihr trotzdem leidet. Ja, natürlich, wie diejenigen, die Alpträume haben: sie schreien und schwitzen. Unsere Gefühle, unsere Emotionen entsprechen einer gewissen Wirklichkeit, aber sie sind nicht die Wirklichkeit. Ja, das Leben ist ein Traum, und da das Leben ein Traum ist, sind alle Menschen Träumer. Aber der Unterschied zwischen den Eingeweihten und den normalen Menschen besteht darin, dass die Ersteren mit den Begriffen »Traum« und »Wirklichkeit« arbeiten können. Also, lernt ihr es auch. Sagt euch, dass das Leben ein Traum ist und dass die wahre Wirklichkeit genau das ist, was die Menschen Traum nennen. Versucht, in dieser Wirklichkeit zu leben. Haltet von Zeit zu Zeit inne und konzentriert euch auf das Licht, auf Schönheit und Reinheit. Stellt euch vor, dass ihr in diese wunderbare Welt eintaucht, dass ihr darin lebt. Natürlich ist das ein Traum – aber warum sollte dieser

Traum nicht die wahre Wirklichkeit sein? Und übrigens, wenn ihr glaubt, dass es die Wirklichkeit ist, tragt ihr zur Verwirklichung dieses Traums bei. Versucht es, und ihr werdet sehen, dass ihr enorme Fortschritte macht.

Und nun versteht mich richtig, es gibt Traum und Traum. Alle Menschen träumen, aber meistens sind die Träume unzusammenhängend, voller Begierde. Man muss träumen, aber bei vollem Bewusstsein, damit diese Träume durch ein Wissen gelenkt werden, durch einen geradlinigen Willen, ohne dabei die illusorische Wirklichkeit, die das Leben ist, zu vergessen. Denn den Alltag unter dem Vorwand zu fliehen, er sei eine Illusion, ist auch nicht empfehlenswert. Man muss zwischen beidem ein Gleichgewicht finden, dem Empfinden zu träumen und dem, sich in der Wirklichkeit zu befinden. Da wir auf der Erde leben, müssen wir auch dort arbeiten, aber ohne zu vergessen, dass man in einen Schlaf versunken ist, aus dem man eines Tages erwachen wird. In den Augen der einfachen Leute sind die Eingeweihten Träumer, die an undurchführbare, unmögliche Dinge glauben, während sie selbst natürlich erwacht sind. Und sie wissen nicht, dass in Wirklichkeit sie es sind, die schlafen, ja sogar schnarchen!... Das Ideale ist, dass unsere Träume mit der wahren Wirklichkeit übereinstimmen, das heißt mit der Wirklichkeit jenseits des bloßen Scheins.

Also, merkt euch gut, was ich euch jetzt sage: Nehmt die Schwierigkeiten und das Unglück in eurem Leben nicht zu schwer – sonst werdet ihr erdrückt und verliert die Lust am Leben. Wenn ihr Prüfungen zu bestehen habt, dann sagt euch: »Natürlich, was mir geschieht ist wirklich, ich kann es nicht leugnen, aber es geschieht nicht wirklich mir. Ich bin ein unsterblicher, ewiger Geist.« Das wird euch immer Mut und Hoffnung geben.

XVII

DIE WAHRHEIT JENSEITS VON GUT UND BÖSE

Für die meisten Leute ist die Wahrheit gleichbedeutend mit dem Guten. Und da sie die Wahrheit mit dem Guten gleichsetzen, gehört ihrer Meinung nach das Böse nicht in den Bereich der Wahrheit. Auch diese Frage wurde noch nicht genügend vertieft. Wenn man die Wahrheit mit einer Medaille vergleicht, so kann man auch sagen, dass das Gute die eine Seite ist und das Böse die andere. Natürlich muss das Gute siegen, nur darf man nicht glauben, dass man es gewinnen lassen kann, indem man versucht, das Böse auszurotten.

Das Leben ist dazu da, um uns zu belehren. Nehmen wir ganz einfach als Beispiel den Menschen, betrachten wir ihn, wie er gebaut ist. Der obere Teil ist für die edleren Tätigkeiten bestimmt, für das Sehen, das Hören, das Sprechen und das Denken, während der untere Teil verdaut, eliminiert, ausscheidet. Alles Tätigkeiten, die natürlich viel gewöhnlicher sind. Aber die edlen und die gewöhnlichen Tätigkeiten spielen sich in ein und demselben Menschen ab, und wenn er die letzteren unter dem Vorwand verwerfen will, sie seien nicht fein genug, dann würde er sterben. Man kann das Höhere nicht vom Niederen trennen.

Die höheren Fähigkeiten beziehen ihre Energien aus den niederen Funktionen. Diese sind genauso nötig wie die Wurzeln, damit der Baum, das heißt der Mensch, die Elemente entnehmen kann, die er dann verwandelt und später in Form von Blüten und Früchten verteilt. Also, anstatt die von der göttlichen Weisheit festgelegte Ordnung der Dinge stören zu wollen, muss man forschen und verstehen. All diejenigen, die einen Kampf gegen das Böse führen, um es zu entfernen und zu vernichten, entstellen die Wirklichkeit, genauso wie der, der in sich Magen, Gedärme, Geschlechtsorgane usw. beseitigen will.

Nehmen wir noch ein anderes Beispiel, den Blutkreislauf. Das Blut ist der Vermittler zwischen der Luft und den Zellen unserer Gewebe. Wenn das Blut verbraucht ist, hat die Natur dann vorgesehen, es aus dem Körper zu entfernen, um es zu ersetzen? Nein, es wird gereinigt mit Hilfe des Sauerstoffs der Luft, den unsere Lunge durch die Atmung aufnimmt. Denn die Natur hat ein System erfunden, um in uns Böses in Gutes umzuwandeln. Und seht, wie im Lauf der Jahrhunderte die Naturkräfte gebändigt worden sind. Man nützt den

Wind, um Windmühlen zu drehen, die Bäche, um Elektrizität zu produzieren usw. Man kann alle Leute, die das Böse bekämpfen wollen, wegen ihres Elans, ihrer Opferbereitschaft, ihrer Liebe zu Gott loben, aber man kommt nicht umhin festzustellen, dass sie den wahren Sachverhalt nicht erfasst haben. Denn, was auch immer man tut, man ist ohne Unterlass mit dieser doppelten Wirklichkeit konfrontiert: mit Gut und Böse, mit Licht und Finsternis, mit Leben und Tod, und noch niemals ist es einem von beiden gelungen, das andere zu besiegen. Es handelt sich hier natürlich um die Bedingungen, die wir auf der Erde vorfinden. Wenn es euch gelingt, euch bis zur göttlichen Welt empor zu heben, werdet ihr andere Bedingungen entdecken. Aber solange ihr auf der Erde seid, ist es klüger, sich mit dem Sinn des Bösen in eurem Leben zu beschäftigen. Seien es nun Krankheiten, Hindernisse, Feinde oder auch die Bedeutung der Schwächen, die ihr an euch feststellt.

Natürlich liegt die Wahrheit nicht im Bösen, aber sie liegt auch nicht ausschließlich im Guten. Sie ist gleichzeitig im Guten und im Bösen oder vielmehr in einem Prinzip, das dem Guten und dem Bösen übergeordnet ist und weiß, wie es mit beiden arbeiten kann. Und wenn man nicht weitergeht, um zu sehen, welches dieses höhere Prinzip ist, das sie lenkt, wird man niemals ihren Austausch, ihr Wechselspiel, ihre Kämpfe verstehen!

Das Gute und das Böse sind Künstler, die dazu ausersehen sind, auf der Bühne des Lebens ihre Rollen zu spielen. Denn wenn es das Böse nicht gäbe, würde das Gute vielleicht nichts unternehmen, es würde einschlafen. Denn es wird vom Bösen stimuliert.

Die Menschen beschwören das Gute mit allen ihren Wünschen. Da sie sich jedoch selten einig darin sind, was man als »gut« bezeichnen soll, bringt all dies in sich widersprüchliche »Gute« letztendlich das Böse hervor. Und die traurige Wahrheit sieht so aus, dass jeder derart damit beschäftigt ist, seinem Guten, das nicht dem Guten der anderen entspricht, zum Sieg zu verhelfen, so dass nur das Böse dabei herauskommen kann. Und selbst wenn dann das so heiß ersehnte Gute eintrifft, kehrt bei den Menschen nach kurzer Zeit Langeweile ein, ja, manchmal verlieren sie sogar jegliche Lust am Leben. Ja, denn es ging ihnen zu gut; das Böse hatte sie vergessen, und vollständig vom Bösen vergessen zu werden, ist auch nicht so großartig.

Das Böse lässt sich mit manchen Personen eines Theaterstücks vergleichen. Ihnen ist zu verdanken, dass alles ins Rollen kommt: Tragödien, Komödien, Dramen. Das Leben verläuft gerade einmal relativ ruhig – und schon ist da einer, der durch seinen Ehrgeiz, seine Liebe, seinen Stolz, seine Gier, seine Eifersucht oder seine Dummheit usw. eine Familie durcheinander bringt oder einen Arbeitsplatz stört, und alle müssen Krisenmomente durchleben, kämpfen, sich verteidigen und Lösungen finden, um diese Krise zu überwinden. Am Ende des Stückes sind einige tot, andere sind krank oder verrückt geworden, wieder andere haben an Weisheit hinzugewonnen, da sie es verstanden haben, diese schwierigen Bedingungen für sich zu nutzen. Es hätte niemals Theaterstücke gegeben, wenn es kein störendes Element gegeben hätte, um die Handlung in Gang zu bringen. Und vielleicht würde auch das Leben ohne das Böse nicht weitergehen.

Diese Erklärungen gefallen den Philosophen und Theologen vielleicht nicht, die in Bezug auf das Gute und das Böse sehr komplizierte Theorien haben. Aber komplizierte Theorien sind keine Lösung für das Problem des Bösen. Man löst das Problem des Bösen durch Handeln, indem man lernt, es umzuwandeln. Wenn man das nicht tut, gibt man ihm durch Unwissenheit und Schwäche Nahrung. Die Wahrheit ist nicht das Gute – oder besser gesagt, sie ist das Gute für denjenigen, der es verstanden hat, das Böse umzuwandeln.

Der wirkliche Triumph besteht also nicht darin, unsere Feinde niederzumetzeln. Der wirkliche Triumph besteht darin, unsere Feinde in Freunde zu verwandeln. Anstatt von Menschen umgeben zu sein, die nur daran denken, uns zu schaden, sind wir nur noch von Menschen umgeben, die uns helfen wollen. Sicher, das ist nicht so leicht. Einen Feind mit einem Pistolenschuss zu töten, ihm einige Tropfen Gift in sein Glas zu schütten, Sprengstoff zu legen oder das Gas aufzudrehen, um sein Haus in die Luft zu sprengen, das ist einfach, jedoch an sich selbst und an ihm zu arbeiten, um ihn in einen Freund umzuwandeln, das ist sehr schwierig. Aber genau das ist erstrebenswert und beweist, dass man sich in der Wahrheit befindet.

Nur die großen Eingeweihten haben die Frage des Bösen wirklich verstanden. Sie geben sich nicht damit zufrieden, das Gute zu kennen und mit ihm zu arbeiten, sie erforschen auch das Böse. Das ist der Grund, warum man von einigen – wie zum Beispiel von Jesus – sagt, sie seien »zur Hölle hinabgestiegen«. Sie ergreifen Vorsichtsmaßnahmen, sie bewaffnen sich, und steigen so gut geschützt in die Hölle hinunter, wo sie deren Regionen mit ihren Bewohnern studieren. Ihnen hat man die Formel: »Wissen, wollen, wagen, schweigen« zugeordnet. Ich habe euch eines Tages gesagt, dass »wagen« das geheimnisvollste Wort ist. Warum? Weil »wagen« bedeutet, dass man den Mut hat, in die Hölle hinabzusteigen, um zu sehen, zu verstehen, zu erkennen und zu siegen. Und dann muss man schweigen, denn man darf niemandem gegenüber von der Hölle sprechen, der nicht darauf vorbereitet ist.

Ihr werdet sagen, dass ihr noch niemals davon gehört habt, dass jemand die Hölle als einen Ort bezeichnet hat, dessen Bewohner man studieren kann. Ich weiß, und es ist höchste Zeit, dass ihr alle Schauermärchen vergesst, die man euch von der Hölle erzählt hat, damit ihr von ihr eine Vorstellung bekommt, die der Wahrheit näher ist. Ihr erwidert: »Aber was ist denn die Hölle?« Sie ist ein Ort, der gebraucht wird, damit alles, was im Universum schlecht und lasterhaft ist, dorthin transportiert werden kann. Das kann man leicht nachvollziehen. Was machen die Menschen? Sie leben nicht inmitten von Abfällen und Dreck, sie werfen sie in Mülleimer und bringen sie anschließend entweder zur Mülldeponie oder verbrennen sie in Verbrennungsanlagen. Nun, wenn die Menschen Lösungen gefunden haben, um sich vom Schmutz zu befreien, wieso sollte dann die kosmische Intelligenz nichts gefunden haben? Sie hat eben diesen Ort gefunden, den die Christen Hölle nennen. Die Hölle ist das Depot für alle Materialien von schlechter Qualität. Man muss jedoch wissen, dass die großen Geister aus den himmlischen Reichen sich all dieser Substanzen bedienen, um phantastische Dinge zu vollbringen. Ja, die Hölle ist ein Depot, ein Labor, denn die Natur lässt nichts herumliegen, ohne es zu benutzen, sie schickt es zur Aufbereitungsstelle, wie ihr es nennt. Und diese Materie, die nun von Unreinheiten befreit ist, dient zu anderen Schöpfungen.

Selbst die Hölle ist nützlich, selbst die Hölle wird in der kosmischen Ökonomie verwendet. Ich weiß wohl, dass viele Ordensleute sich nicht mit dieser Idee anfreunden können. Sie sind davon überzeugt, dass die Hölle in alle Ewigkeit existieren wird, vollgestopft mit den unglücklichen Verdammten, die gerade verbrannt werden oder die schrecklichsten Qualen erleiden müssen. Nun, sie täuschen sich. Zunächst einmal, weil diese Annahme der Liebe Gottes widerspricht. Gott kann eine Kreatur niemals für immer verstoßen. Diese Annahme steht auch im Widerspruch zu Seiner Weisheit. Da Gott weise ist, lässt Er nichts verkommen, alles ist nützlich und alles wird genutzt – aber nur, nachdem es vorher umgewandelt wurde.

Also, alle unreinen Elemente der psychischen Ebene werden in die Hölle geworfen. Dort werden sie dann von anderen Kräften und Geistern ergriffen und umgewandelt. So kommt es, dass auf der anderen Seite Ströme, Flüsse aus reiner Energie herauskommen. Im Gegensatz zu dem, was die meisten Leute glauben, ist die Hölle nicht ein geschlossener Ort, aus dem nichts mehr herauskommt, wenn es einmal hineingeraten ist. Es gibt Röhren, Kanalisationen, durch die die Elemente heraus kommen, die umgewandelt wurden. Ihr seid erstaunt? Nein, man braucht nicht zu staunen. Die Hölle ist keine Sackgasse ohne Ausweg. Die Ströme des Bösen kommen auf vorherbestimmten Wegen wieder zurück, um andere, noch unbekannte Regionen zu düngen, zu bewässern und fruchtbar zu machen.

Man glaubt, es seien immer dieselben unreinen Elemente, die sich an dem Ort, den man Hölle nennt, ansammeln und stagnieren. Keineswegs! Unaufhörlich kommen neue Abfälle an, die diejenigen ersetzen, die schon behandelt worden sind. Die Lichtgeister tolerieren keine Elemente, die nicht im Einklang mit der kosmischen Harmonie schwingen und schleudern sie ins Reich der »äußersten Finsternis«, wie man sagt. Das ist also die Hölle, ein vom göttlichen Licht abgetrennter Ort, aus dem aber Materialien herauskommen, die dann von neuem in den Kreislauf des Lebens aufgenommen werden.

Dieses Wissen wird im Allgemeinen nicht von der Kirche an die Gläubigen weitergegeben. Warum nicht? Ich werde dieses Thema nicht behandeln. Wer sich mit der Einweihungslehre beschäftigt, muss zwangsläufig auf diese Frage stoßen, sich mit ihr befassen und die Wahrheit erkennen, um besser arbeiten zu können. Die Vorstellungen, welche die Kirche von der Hölle vermittelte, hat den Christen kaum geholfen, sich umzuwandeln. Seit Jahrhunderten wurde ihnen Angst gemacht. Aber ist die Angst immer ein guter Lehrer? Das glaube ich nicht. Letztendlich kommt immer der Augenblick, wo die Leute keine Angst mehr haben, und dann machen sie Witze, um den Glauben, den man ihnen eintrichtern wollte, lächerlich zu machen. So viele lustige Anekdoten sind diesbezüglich im Umlauf! Ich erinnere mich sogar an solche, die man in meiner Jugend in Bulgarien hören konnte. Ein alter Türke sagte zum Beispiel zu seinem Sohn: »Hör mal, Ali, du musst aufhören zu trinken, sonst kommst du in die Hölle, und als Strafe wird man Fässer um deinen Hals hängen.« »Ach ja«, sagt Ali, der plötzlich ganz interessiert ist, »sind die Fässer denn voll?« Und andere, die kälteempfindlich sind und ihr ganzes Leben lang frieren, denken, dass es da unten wenigstens warm ist. Ja, die Bedrohungen der Hölle beeindrucken nicht mehr viele Leute.

Zu jener Zeit erzählte man auch die Geschichte eines orthodoxen Bischofs, der sich im Moment des Sterbens von seiner Frau verabschiedete und sich mit ihr im Paradies verabredete. Er betrachtete sich als einen Gerechten, und sein Platz war natürlich im Paradies. Was den Platz seiner Frau betraf, war er sich dessen nicht so sicher, aber nachdem sie immerhin lebenslang seine Frau war, war sie doch bestimmt etwas heiliger geworden. Nach einigen Jahren starb auch sie und ging ins

Paradies ein. Sie fing an, ihren Mann zu suchen, lief hierhin und dorthin und fragte überall nach ihrem lieben Mann, doch keiner kannte ihn! Schließlich ging sie zu Petrus, damit er ihr bei ihrer Suche helfe. Petrus blätterte in seinem großen Buch und sagte: »Meine liebe Frau, ich finde niemand im Himmel, der den Namen deines Mannes hat. Lass uns einmal nachsehen, ob er im Fegefeuer ist.« Er suchte und blätterte die Seiten um, aber er fand ihn auch nicht im Fegefeuer. Da blieb nur noch ein Ort: die Hölle. »Die Hölle? Aber das ist unmöglich«, rief die treue Gattin. »Mein Mann kann nicht in der Hölle sein!« Aber genau dort war er. Petrus zeigte ihr seinen Namen in seinem großen Register. »Also, dann muss ich ihn besuchen«, sagte sie. Wir haben uns nach meinem Tod verabredet.« Er erklärte ihr, dass man im Jenseits nicht einfach die Leute besuchen könne, die man sehen möchte. Es sei nichts zu machen. Sie weinte und bettelte so sehr, dass er ihr schließlich einen Passierschein gab. In der Hölle angekommen, fing sie von neuem an zu suchen und zu fragen. Und was sieht sie dort plötzlich? Ihren Mann, bis zum Hals in einem riesigen, rauchenden Kessel! »Oh, mein armer Mann«, rief sie, »wenn ich daran denke, dass wir uns im Paradies treffen wollten! Wie bedaure ich dich, wie unglücklich musst du sein!« »Nicht so sehr«, sagte der Mann, »ich bin sogar noch im Vorteil. Ich stehe auf den

Schultern des Kardinals.« Da seht ihr, wie ernst die Christen die Hölle nehmen.

Vergesst niemals, dass die Wahrheit immer zwei Seiten hat: Reines und Unreines, Licht und Finsternis, Gutes und Böses... Und wahres Wissen muss beide Seiten enthalten. Natürlich, wenn man schwach und unwissend ist, ist es besser, die Hölle nicht erforschen zu wollen, und ich rate euch, es nicht zu versuchen. Ich erkläre euch einfach, dass nur diejenigen die größten Eingeweihten sind, die ihr die Stirn bieten konnten, denn sie verfügten in diesem Augenblick über die Gesamtheit des Wissens.

XVIII

DIE WAHRHEIT WIRD EUCH FREI MACHEN

I

Ihr begreift den Segen noch nicht, den euch die Wahrheit bringen kann, ihr glaubt, dass ihr sehr gut ohne sie leben könnt. Ja, das ist richtig, aber ohne die Wahrheit könnt ihr nicht frei sein. Nur die Wahrheit bringt die Freiheit mit sich. Jesus hat gesagt: »Die Wahrheit wird euch frei machen.« Und was ist wünschenswerter, als frei zu sein?

Jede Qualität, jede Tugend besitzt besondere Eigenschaften. Die Eigenschaft der Liebe ist es, Wärme zu bringen, die der Weisheit, Licht zu bringen und die der Wahrheit, uns die Freiheit zu geben. Denn die Wahrheit hat eine Verbindung zum Willen, zur Stärke. Aber wie wir gesehen haben, manifestiert sich die Wahrheit in unterschiedlichen Abstufungen, und unsere Freiheit hängt davon ab, auf welcher Ebene wir uns in Bezug auf sie befinden.

Ihr werdet das besser verstehen, wenn ich euch einige der Natur entnommene Beispiele gebe. Die

Maulwürfe leben unter der Erde, weit weg vom Licht. Um vorwärts zu kommen, müssen sie in der Erde lange Gänge graben, die manchmal vom Pflug eines Bauern zerstört werden. Dieser dunkle und eng begrenzte Lebensraum sagt ihnen zu, einfach weil sie Maulwürfe sind. Sie können sich nichts anderes vorstellen. Das Leben der Fische ist freier als das der Maulwürfe. Das Umfeld in dem sie sich bewegen, ist weiträumiger und heller. Aber noch freier ist das Leben der Vögel. Der ganze Luftraum gehört ihnen, und sie singen und freuen sich im Sonnenlicht. Der Maulwurf, der Fisch und der Vogel sind hier Symbole. Jeder entspricht einer Bewusstseinsstufe, und die Bewusstseinsstufe bestimmt das Schicksal.

Nehmen wir nun das Bild des Baumes. Ein Baum besteht aus Wurzeln, einem Stamm und Ästen, die Blätter, Blüten und Früchte tragen. Die Wurzeln sind im Boden verankert, sie leben und arbeiten in der tiefsten Dunkelheit, sie absorbieren die Elemente, die in der Erde enthalten sind, um den Rohsaft herzustellen, der im Stamm des Baumes aufsteigt. Weit entfernt von Luft und Licht erfüllen sie eine schwierige und undankbare Aufgabe und begegnen nur Hindernissen, Zwängen und Begrenzungen. Der Stamm reckt sich dem Himmel entgegen, ein intensives Leben kreist in ihm: in seinem Inneren die aufsteigenden Kanäle mit dem Rohsaft, an der Peripherie die absteigenden Kanäle mit dem bearbeiteten Saft. Nach und nach, wenn der Stamm in die Höhe wächst und kräftiger wird, bildet er neue Äste, die sich glücklich im Wind und im Licht wiegen und allen das Leben und die Schönheit ihrer Blätter, ihrer Blüten und ihrer Früchte darbieten.

Die Wurzeln absorbieren Elemente der Erde, und die Blätter absorbieren das Sonnenlicht, das den Rohsaft in bearbeiteten Saft verwandelt. Die farbigen und duftenden Blüten bereiten sich darauf vor, zu Früchten zu werden. Und die Früchte sind nicht nur Nahrung für Tiere und Menschen, sondern sie enthalten die Samen, die weitere Bäume entstehen lassen. Wurzeln, Stamm und Äste sind nützlich und schön. Aber wer würde es nicht vorziehen, in den Zweigen des Baumes zu leben, zusammen mit ihren Blättern, Blüten und Früchten, die sich dem Licht und der Wärme der Sonne öffnen?

Das Universum ist mit einem Baum vergleichbar. Übrigens ist in zahlreichen religiösen Traditionen der kosmische Baum das Symbol der Schöpfung. Je nach dem Grad der Entwicklung, je nach dem Fortschritt, den sie auf dem Weg der Wahrheit machen konnten, befinden sich die Menschen in den Wurzeln, im Stamm oder in den Zweigen. Diejenigen, die sich in den Wurzeln befinden, fühlen sich durch die Bedingungen des Lebens erdrückt, sie sind begrenzt und so sehr in Dunkelheit getaucht, dass sie nichts machen können, um ihr Schicksal zu verändern. Selbst die Hilfe der größten Geister kann sie nicht retten. Was auch immer diese tun, um sie zu unterrichten, sie werden nichts verstehen. Sie sind nicht verstoßen, im Gegensatz zu dem, was manche Religionen lehren, welche die gefallenen Geschöpfe in die »äußere Dunkelheit« verstoßen, denn die Wahrheit umfasst die ganze Schöpfung. Aber diese Menschen, die sich nicht von der Wahrheit der Maulwürfe und Wurzeln befreien konnten, sind aus bestimmten Gründen sehr schlechten Entwicklungsbedingungen ausgesetzt.

Alle, die im Stamm des kosmischen Baumes leben sind freier, denn sie bekommen mehr Licht als die Erstgenannten. Aber auch dort ist nicht genug Licht vorhanden, damit ihnen die ganze Wahrheit enthüllt werden kann. Sie müssen bis in Blätter, Blüten und Früchte hinaufsteigen. Erst dort besitzen sie dann wirklich Licht und Freiheit.

Die Funktion der Wurzeln gleicht der des Magens, der die Nahrung wie sie absorbiert. Die Menschen, für die sich die Wahrheit auf das Bedürfnis zu trinken und zu essen beschränkt – was hier symbolisch für die Bedürfnisse auf der physischen Ebene steht –, befinden sich im »Magen«, in den Wurzeln. Und selbst wenn die Möglichkeit, diese Bedürfnisse zu stillen, ihnen ein wenig Zufriedenheit bringt, darf man sich nicht wundern, wenn sie sich oft eingeengt oder kraftlos fühlen.

Genauso wie es eine Entsprechung zwischen den Wurzeln und dem Magen gibt, so gibt es auch eine zwischen dem Baumstamm und dem Brustkorb. Im Brustkorb befinden sich das Herz und die Lungen. In ihnen finden Vorgänge statt, die denen der Umwandlung des Rohsaftes in den bearbeiteten Saft gleichen. Das Herz sendet den Lungen das verbrauchte Blut, das dank des Sauerstoffs gereinigt wird und dann erneut den Organismus nähren kann. Wie der Rohsaft steigt das verbrauchte Blut nach oben, und wie der bearbeitete Saft fließt das gereinigte Blut nach unten. Dieser Bereich des Herzens und der Lungen entspricht der astralen Ebene mit ihren Gefühlen und Emotionen. Wer sich in diesem Bereich aufhält, ist Schwankungen ausgesetzt; seine Stimmung ist einem ständigen Auf und Ab unterworfen.

Die Zweige mit Blättern, Blüten und Früchten entsprechen dem Kopf. Diejenigen, die im Kopf leben, das heißt auf der Mentalebene, haben mehr Licht und sind freier und haben vor allem mehr Möglichkeiten, schöpferisch tätig zu werden.

Diese drei Entwicklungsphasen stehen mit den drei Prinzipien in Verbindung, aus denen sich die menschliche Psyche zusammensetzt. Das sind der Intellekt, das Herz und der Wille. Der Intellekt braucht Licht. Das Herz braucht Freude, Ausdehnung. Der Wille braucht Freiheit, damit er tätig werden kann. Es ist offensichtlich, dass es in den Wurzeln weder Licht noch Ausdehnung noch Freiheit gibt. Licht, Freude und Freiheit finden sich nur wirklich am Gipfel des kosmischen Baumes.

Die Freiheit hängt also vom Grad unserer Entwicklung ab. Deshalb gibt es weder für den Menschen noch für irgend ein anderes Geschöpf absolute Freiheit. Der Einzige, der wirklich wahrhaft frei ist, ist Gott, der Schöpfer. Selbst die Engel und die Erzengel, die Cherubim und die Seraphin sind nicht absolut frei. Alle Geschöpfe sind vom Schöpfer abhängig und sind nur insoweit frei, wie dies ihrer Stellung innerhalb der riesigen Hierarchie aller Wesen entspricht.

Lasst uns jetzt einige Beispiele im Kosmos betrachten. In der Astronomie unterscheidet man im Allgemeinen drei verschiedene Arten von Himmelskörpern: Kometen, Planeten und Sonnen. Ein Komet durchquert den Raum wie jemand, der die Orientierung verloren hat. Er nähert sich einer Sonne und sagt: »Ich habe die Wahrheit gefunden, ich habe meinen Meister gefunden« – und er bekommt ein wenig von ihrer Wärme. Aber sehr schnell nimmt er seinen Lauf durch das All wieder auf, und begegnet einer anderen Sonne, die er auch wieder verlassen wird.

Im Unterschied zu den Kometen drehen sich

die Planeten unaufhörlich um eine Sonne, von der sie Wärme und Licht bekommen. Bei dieser Rotation unterliegen sie jedoch dem Wechsel von Tag und Nacht, von Wärme und Kälte. Wenn eine Seite erhellt ist, ist die andere in Dunkelheit getaucht. Aber nichts kann ihre geduldige Wanderung um die Sonne aufhalten.

Was die Sonnen betrifft, so sind sie unerschöpfliche Quellen von Licht und Wärme und lassen ihre Wohltaten allen Geschöpfen zuteil werden.

Kometen, Planeten und Sonnen findet man bei den Menschen wieder. Die Kometen sind Wesen, die im Leben umher irren, ohne sich jemals festzulegen. Sie leben ein chaotisches Leben ohne Orientierung, ohne Ideal. Die Planeten haben ein Zentrum, um das sie kreisen. Sie spüren, dass sie sich nicht von der Quelle der Wärme und des Lichts, das heißt, von ihrem geistigen Ideal, entfernen dürfen. Sie gehen durch Höhen und Tiefen, aber sie folgen dem richtigen Weg. Die Sonnen sind die großen Meister, die Eingeweihten, die so weit auf dem Weg der Liebe und der Weisheit fortgeschritten sind, dass nichts sie von ihrem Ideal abbringen kann. Sie bleiben im Zentrum und sie erhellen und wärmen die Geschöpfe in ihrer Nähe.

Maulwürfe, Fische und Vögel; Wurzeln, Stamm und Zweige; Kometen, Planeten und Sonnen..., all diese der Natur entliehenen Bilder erzählen uns von drei Kategorien von Menschen, und jede dieser Kategorien wird durch ein Gesetz regiert: die erste durch das Gesetz der Notwendigkeit, die zweite durch das Gesetz des freien Willens und die dritte durch das Gesetz der göttlichen Vorsehung.

Dem Gesetz der Notwendigkeit sind die primitiven Menschen unterworfen, die seit vielen Inkarnationen nichts als die Befriedigung ihrer niedrigsten Bedürfnisse suchen. Sie haben sich so tief in die Materie verstrickt, dass sie keinerlei Bewegungsfreiheit mehr haben, sie müssen ihre Daseinsbedingungen ertragen. Sie haben keine Möglichkeit, eine Wahl zu treffen, und es gibt für sie nur einen sehr harten Weg, dem sie zwangsläufig folgen müssen.

Das Gesetz des freien Willens regiert höher entwickelte Menschen, die in ihren vorangegangenen Leben so gedacht und gehandelt haben, dass es ihnen jetzt erlaubt ist, über ihre Richtung zu entscheiden. Natürlich ist ihre Freiheit begrenzt, aber sie haben immer die Möglichkeit, wenigstens zwischen zwei Richtungen zu entscheiden. Dieser Kategorie gehören die Schüler aller spirituellen Lehren an, auch Künstler, Wissenschaftler und Philosophen; alle diejenigen, die versuchen, voran zu kommen.

Was das Gesetz der göttlichen Vorsehung betrifft, so regiert es die großen Meister und die großen Eingeweihten. Zahlreiche Wege stehen ihnen offen, zwischen denen sie wählen können. Vor ihren Augen liegt das Leben voller Licht und in all seiner Pracht, denn sie sind selbst Sonnen, sie tragen das Licht in sich.

Die Menschen, die für die Kometen stehen, werden vom Gesetz der Notwendigkeit regiert, das ihnen keine Wahl lässt. Diese Wesen sind immerzu Opfer ihrer Blindheit, ihrer niederen Instinkte. Was auch immer man für sie zu tun versucht, sie können ihrem Schicksal nicht entrinnen. Man sollte immerhin versuchen, ihnen in der Hoffnung zu helfen, dass man in ihnen ein ganz kleines Licht entfachen kann, aber man darf sich keine Illusionen machen. Die Armen brauchen es noch, dass sie leiden und Schicksalsschläge erdulden, bevor sie sich von ihren bedauernswerten Bedingungen losreißen können.

Diejenigen, die für die Planeten stehen, werden von dem Gesetz des freien Willens regiert, und es hängt von ihnen ab, immer weiter auf dem Weg des Guten voran zu schreiten. Auch ihr Weg ist mit Hindernissen übersät, aber wenn sie fallen, können sie sich wieder erheben. Sie müssen andauernd auf die innere Stimme hören, um keine falsche Wahl zu treffen, denn wenn die Wahl einmal getroffen ist, müssen sie deren Konsequenzen bis zum Ende tragen. Wenn ihr auf dem Dach eines Hauses steht, liegt es an euch, ob ihr über die Leiter hinabsteigt oder euch ins Nichts stürzt. Wenn ihr euch dazu entschließt, zu springen, erfasst euch sofort das Gesetz der Schwerkraft und ihr zerschellt auf dem Boden. Ihr seid nur so lange frei bis ihr euch ins Nichts stürzt, danach ist es vorbei, ihr fallt nach unten. Natürlich, wenn ihr eine falsche Entscheidung getroffen habt und strauchelt, könnt ihr wieder aufstehen – aber wie viele Anstrengungen müsst ihr dann von Neuem unternehmen!

Das Leben der Sonnen wird vom Gesetz der göttlichen Vorsehung regiert. Sie sind frei, sie können Richtungen einschlagen, die den meisten Menschen noch unbekannt sind. In der dreidimensionalen Welt kann man nach links oder nach rechts gehen, nach oben oder nach unten, vorwärts oder rückwärts. Aber in den Welten mit vier oder fünf oder noch mehr Dimensionen, in denen sich der Geist bewegt, gibt es unendlich viele Wege. Diese Wesen sind frei dank der Anwesenheit Gottes, dessen höchste Freiheit sich in ihnen manifestiert.

Nur der Geist, der ein reiner Gottesfunke ist, ist frei in uns. Um frei zu sein, müssen wir uns also mit unserem Geist identifizieren. In dem Maße, in dem diese Identifikation stattfindet, werden wir stärker und können den herrschenden Bedingungen entkommen.

Um noch ein anderes Bild zu verwenden, kann man sagen, dass sich mit dem Geist identifizieren bedeutet, sich über die Wolken zu erheben. Solange ihr unter den Wolken bleibt, seid ihr abhängig. Wenn ihr die Sonne sehen wollt, müsst ihr warten, bis es den Wolken passt. So lange seid ihr Dunkelheit, Kälte, Nebel und Regen ausgesetzt. Da ihr aber nicht wisst, dass ihr euch selbst in diese Situation gebracht habt, beklagt ihr euch: »Die Sonne hat sich versteckt, Gott hat mich vergessen.« Das stimmt nicht, in Wirklichkeit beruhen diese Eindrücke auf der Tatsache, dass ihr unter den Wolken bleibt. Wenn ihr euer Bewusstsein erheben und es ständig über den Wolken halten könntet, wärt ihr sofort im Licht. Über den Wolkenschichten scheint immer die Sonne.

Aber die Menschen, die vom Gesetz der Notwendigkeit regiert werden, befinden sich nicht nur unter den Wolken, sondern sie leben sogar unter der Erde wie Maulwürfe oder Würmer, deren Arbeit darin besteht, die Erde für diejenigen vorzubereiten, die später kommen. Über dem Erdboden leben die Wesen, die vom Gesetz des freien Willens regiert werden, aber sie sind abhängig vom Wohlwollen der Wolken. Diejenigen dagegen, die vom Gesetz der Vorsehung regiert werden, befinden sich immer über den Wolken, und der klare Himmel und die Sonne verlassen sie dort niemals – symbolisch gesprochen.

Die Mehrzahl der Menschen lebt unter den Wolken und dort ist natürlich das Leben manchmal schwierig, aber sie dürfen sich nicht beklagen. Es nützt nichts, sich zu beklagen, das hat auch noch niemals dazu beigetragen, die Schwierigkeiten zu überwinden. Das einzige Mittel, das euch zur Verfügung steht, um die Dinge zu ändern, besteht vielmehr darin, dass ihr eure innere Zufriedenheit pflegt, denn auf diese Weise weitet sich euer Inneres. Durch Unzufriedenheit verkrampft ihr euch, und wenn man verkrampft ist, kann man die Situation nicht verbessern, man betritt das Gebiet, auf dem das Gesetz der Notwendigkeit regiert: Die Auswahl wird immer kleiner, der Weg wird immer enger, und im Organismus verlieren die Gewebe ihre Geschmeidigkeit. Derjenige, der in diesem negativen Geisteszustand verharrt, hat nicht die geringste Chance, seine Situation zu verbessern. Die Dinge kommen in Ordnung, wenn es euch gelingt, die richtige Einstellung zu finden.

Nirgends steht geschrieben, dass ihr unabänderlich vom Schicksal zerschmettert werden müsst. Ein unabwendbares Geschick gibt es nur für den, der das Band zum Geist abschneidet. Also, was euch auch immer geschieht, ihr könnt sagen: »Ich bin Geist und ich kann mein Schicksal ändern«. Natürlich könnt ihr am Anfang nur wenig verändern, und ihr werdet nur ein hundertstel Grad von eurem ursprünglichen Zustand abweichen. Aber wenn ihr eure Bemühungen in diese Richtung fortsetzt, könnt ihr eines Tages ein ganzes

Sonnensystem zwischen dem unabwendbaren Geschick und euch errichten. Das einzig Wichtige ist, dass ihr eure Richtung ändern könnt. Sobald ihr begreift, dass ihr den falschen Weg eingeschlagen habt, müsst ihr die Richtung ändern und weiter marschieren. Eines Tages wird euer Schicksal vollkommen verändert sein.

Der Schüler kennt die Gesetze des Schicksals genau. Er weiß, dass die Prüfungen, die er im Laufe seines Lebens zu bestehen hat, die Folge der Verstöße sind, die er in seinen vorangegangenen Inkarnationen begangen hat. Jetzt muss er bezahlen, wieder gutmachen und lernen. Hierzu muss er alle Bedingungen annehmen, welche die göttliche Gerechtigkeit für ihn festgelegt hat. Nichts kann diesen Beschlüssen entgegenwirken. Wenn es vorgesehen ist, dass ihr scheitern, krank werden oder eine unglückliche Begegnung haben sollt, könnt ihr dem nicht entgehen. Auf der physischen Ebene seid ihr nicht frei. Wenn ihr frei sein wollt, müsst ihr euch auf die spirituelle Ebene erheben. Durch Gebet und Meditation knüpft ihr Bande mit der göttlichen Welt, ihr arbeitet daran, das Licht in euch zu mehren, ebenso Kraft, Reinheit, Liebe – und dank dieser Tugenden wandelt ihr eure Prüfungen um. Aber ihr könnt ihnen nicht entrinnen.

Stellt euch jemanden vor, der glaubt, gegen den Winter ankämpfen oder ihn daran hindern zu können, dass er kommt. Eines Tages muss er zwangsläufig anerkennen, dass der Winter stärker ist als er und dass er ihn über sich ergehen lassen muss. Nun, das ist das Verhalten der meisten Menschen gegenüber den Ereignissen des Lebens. Sie glauben, sie seien die Stärkeren... und dabei sind sie die Opfer! Der Schüler jedoch weiß, dass der Winter kommen wird und sagt sich: »Ich werde einen Vorrat an Holz, Kohle und warmer Kleidung anlegen und dann kann der Winter kommen!« Auf diese Weise sind der Winter und der Schüler zufrieden. Man kann das Problem lösen, indem man nicht gegen die Prüfungen kämpft, die das Schicksal uns auferlegt, sondern indem man Vorräte an Kohle, Kleidung und Nahrung anlegt, das heißt an Weisheit und Liebe, um den Schwierigkeiten mit klarem Bewusstsein und Mut entgegenzutreten.

Hierin liegt unsere Kraft, unsere Freiheit. Wenn man mit vielen Schulden auf die Erde gekommen ist, muss man arbeiten, um viel zu verdienen, bevor die Ereignisse eintreten, damit einem im richtigen Augenblick geholfen wird. Es gelingt euch vielleicht, in dem Augenblick vor einer Prüfung davonzulaufen, in dem sie vor euch auftaucht. Aber ihr müsst wissen, dass sie einige Jahre später oder in einer anderen Inkarnation doppelt so schwer vor euch erscheinen wird... Und wer weiß, ob ihr dann die gleichen Bedingungen haben werdet, um ihr die Stirn zu bieten. Man muss also versuchen, die Rechnungen sofort in diesem Leben zu begleichen.

Und die beste Methode, seine Schulden zu bezahlen ist die, sich in den Dienst des Herrn zu begeben, für das Kommen Seines Reiches zu arbeiten. Uneigennützig für das Wohl der Menschheit arbeiten bedeutet, an der Fülle der Universellen Weißen Bruderschaft, die oben ist, teilzuhaben. Dann fangen alle Brüder und Schwestern der göttlichen Welt an, einen Teil eurer Schulden zu übernehmen, das heißt, sie helfen euch, eure Leiden zu ertragen. Aber ihr müsst wissen, dass sich all das im Bewusstsein abspielt. Es wird euch nicht auf der physischen, auf der materiellen Ebene geholfen, sondern auf der spirituellen Ebene. Also arbeitet für das Reich Gottes. Wenn ihr nur für euch selbst arbeitet, dann werdet ihr euer Schicksal zu ertragen haben.

II

Man kann sagen, dass der Mensch sich von Geburt an auf die Suche nach der Wahrheit macht. Schon im Alter von einigen Monaten beginnt das ganz kleine Kind, die Welt zu erforschen. Es schaut sich um, hört auf Geräusche, berührt Gegenstände und steckt sie in den Mund... Sobald es sprechen kann, stellt es unaufhörlich Fragen, und eines Tages schicken es seine Eltern in die Schule, damit es etwas lernt. Diese Ausbildung dauert Jahre, aber dann kommt der Augenblick, wo es sich unabhängig und frei fühlen will. Früher waren seine Eltern und Lehrer seine Vorbilder, die es respektierte, aber jetzt weist es sie zurück und beschließt, nur noch auf sich selbst zu vertrauen, auf die Erfahrungen, die es selbst machen wird, um »seine« Wahrheit zu finden. Das ist gut so, das ist normal, aber wie kommt es, dass jedes Mal, wenn jemand davon spricht, Erfahrungen zu machen, unter diesem Wort »Erfahrungen« riskante

Abenteuer verstanden werden, wie zum Beispiel ein ausschweifender Lebenswandel, Alkohol, Drogen usw.? Warum bedeutet »Erfahrungen machen« niemals den Versuch, sich auf den Weg des Lichts und der göttlichen Tugenden zu begeben?

Man will der täglichen Banalität entfliehen, um etwas Neues, Unglaubliches zu kosten. Aber gerade im spirituellen Leben kann man die meisten Erfahrungen machen! Wenn man behauptet, alles versuchen zu wollen, warum versucht man dann nicht auch zu meditieren, zu beten, sich mit der Welt des Lichts zu verbinden, auf dem Weg der Liebe und der Weisheit unter der Führung der Eingeweihten und der großen Meister voranzuschreiten? Wenn man eines Tages den Eindruck hat, dass der Unterricht der Lehrer oder der Eltern nicht mehr ausreicht, so ist das in Ordnung, aber das ist kein Grund, sich mit Feuereifer in alle möglichen Abenteuer zu stürzen, nur von dem Wunsch nach Unabhängigkeit geleitet.

Wer sich dazu entschließt, sich über die Erfahrungen seiner Vorfahren hinwegzusetzen, beweist damit eine missverstandene Unabhängigkeit. Übrigens, ob er es zugibt oder nicht, er kann gar nicht anders, als sie in Betracht zu ziehen. Was macht ein Romanschriftsteller, ein Dichter, ein Philosoph, ein Musiker, ein Maler? Er lebt sein Leben während er gleichzeitig sein Werk erschafft, das nichts anderes als das Abbild seiner Erfahrungen sein kann. Dann vermacht er dieses Werk den Menschen, die dadurch bereichert werden. Durch die Jahrhunderte hat sich nach und nach ein Erbe von Gedanken und Empfindungen aufgebaut, das wir sozusagen von Geburt an erhalten. Die Wirklichkeit sieht also so aus, dass wir vom Leben der anderen überflutet werden, von ihren Gedanken, ihren Gefühlen und Entdeckungen, von ihrer Begeisterung, aber auch von ihren Irrtümern und ihren Ängsten. Also, von welcher Freiheit sprechen wir? Man kann nicht leben, ohne Einflüssen ausgesetzt zu sein.

Beeinflussung ist das Gesetz des Lebens. Alles was wir betrachten, hören, schmecken, berühren, atmen, essen, beeinflusst uns unaufhörlich. Und wir halten uns oft nur für frei, weil wir nicht wissen, unter welchen Einflüssen wir handeln. Glücklicherweise unterliegen manche Menschen unbewusst den guten Einflüssen, denn wären sie sich dessen bewusst, würden diese sie in ihrem Wunsch nach lächerlicher Unabhängigkeit womöglich zurückweisen.

Wenn ihr wirklich um euer Heil besorgt seid, dann müsst ihr verstehen, wie wichtig es ist, von den großen Geistern geleitet zu werden, die noch auf der Erde leben oder dort gelebt haben. Diese Menschen, die viel mehr Erfahrungen als wir hinter sich gebracht haben, und die eine Menge Probleme gelöst haben, sind wie lebendige Bücher, die uns ihr Wissen vermitteln. Wir leben, wir handeln und dank ihrer Hilfe wird unseren eigenen Erfahrungen etwas anderes hinzugefügt, etwas Höheres, etwas, das uns an Reichtum übertrifft und uns hilft.

Wenn die Menschen jede spirituelle oder moralische Autorität ablehnen, um nur nach ihrem eigenen Willen zu handeln, wiederholen sie jedes Mal den Fehler von Adam und Eva. In der Genesis heißt es, Gott, der Adam und Eva im Garten Eden wohnen ließ, habe ihnen untersagt, die Frucht des Baumes der Erkenntnis des Guten und des Bösen zu essen. Aber sie gehorchten nicht und wurden aus dem Garten vertrieben.

Das Geheimnis, das den Baum der Erkenntnis des Guten und des Bösen umgibt, bezieht sich auf die Kräfte, die in der Natur wirken. Der Mensch nimmt einen bestimmten Platz im Universum ein. Diesem Platz entspricht ein bestimmter Bewusstseinszustand, der es nicht zulässt, dass er alles weiß und alles ausprobieren kann. Selbst wenn man sagen kann, dass die Neugier eine der Hauptantriebskräfte der menschlichen Entwicklung ist, gibt es doch Erfahrungen, für welche die Menschen noch nicht bereit sind, und wenn sie diese Erfahrungen vorzeitig machen, setzen sie sich großen Gefahren aus. Ich habe schon ausführlich vom Baum der Erkenntnis des Guten und des Bösen gesprochen.* Symbolisch ausgedrückt kann man sagen, dass die ersten Menschen vor dem Sündenfall in den Blüten des kosmischen Baumes lebten. Da sie aber weitere Bereiche erforschen wollten, stiegen sie bis in die Wurzeln hinab, wo es sicher viele Dinge zu entdecken gibt, aber sie haben dort auch Begrenzung und Tod entdeckt.

Um unsere Freiheit wieder zu erlangen, haben wir keine andere Wahl, als den Weg zurück nach oben einzuschlagen. Und wie ist das möglich? Indem wir uns bemühen, den Willen des Schöpfers zu erfüllen. Es gibt keine Freiheit ohne dass wir uns Gott unterwerfen, Ihm, den die Psalmen den Allerhöchsten nennen und der Kraft, Weisheit und Liebe ist. Wenn sich der Mensch wissentlich oder unwissentlich vom Schöpfer trennt, wird er zum Sklaven von niederen Wesenheiten, die ihn verführen wollen, um ihn zu beherrschen, so wie es die Schlange gemacht hat, die Adam und Eva aus dem Paradies gelockt hat. Denn was die Genesis »Schlange« nennt, ist ein symbolischer Ausdruck, der eine ganze Kategorie von bösen Wesen bezeichnet, die sich gegen Gott aufgelehnt haben und anschließend die Menschen dazu verleiten wollten, sich ihrer Rebellion anzuschließen. Um also unsere Freiheit wiederzufinden, müssen wir uns

* Siehe Band 210 »Die Antwort auf das Böse«, Kapitel 1.

mit den Lichtwesen verbinden, die dem Herrn treu geblieben sind.

Nur auf der höchsten Ebene, auf dem göttlichen Plan, bekommt das Wort »Freiheit« seine eigentliche Bedeutung. Wenn wir Seinen Willen erfüllen, manifestiert sich Gott in uns, und weil Er frei ist, fühlen auch wir uns frei auf Grund Seiner Gegenwart in uns. Wir sind frei durch Seine Freiheit. Gott wirkt in uns, und wir leben durch Sein freies Handeln.

Alle diejenigen, die die Freiheit suchen, indem sie ihre Verantwortung vernachlässigen oder sich ihren Leidenschaften hingeben, den niedersten Instinkten, sind Sklaven niederer Geister, denen sie dadurch die Türen öffnen. Wo der Herr nicht eintritt, kommen die Teufel herein. Solange wir Gott nicht in uns eintreten lassen, damit Er unsere Seele und unseren Geist mit der Freiheit, dem Licht und der Kraft erfüllt, die Er besitzt, ist der Platz frei für unsere Feinde. Alle unsere Qualen kommen daher, dass Feinde sich in uns niedergelassen haben.

Die Freiheit existiert weder da, wo man sie sucht, noch in der Form, in der man sie sich vorstellt. Viele sagen: »Ich werde nicht arbeiten, ich werde nicht heiraten, ich werde keine Kinder haben, ich will keinerlei Verpflichtungen. Die Freiheit gehört mir!« Aber glaubt ihr wirklich, dass sie frei sind? Nein, im Inneren sind sie noch begrenzter als die anderen, denn dieser Wille zur Befreiung ist ihnen nicht durch ein edles und uneigennütziges Ideal eingegeben worden.

»Die Wahrheit wird euch frei machen«, sagte Jesus. Diese Wahrheit, die uns befreit, ist die Wahrheit der Liebe und der Weisheit, es ist die Wahrheit aller Eingeweihten. Aus diesem Grund hat Meister Peter Deunov das Lied »Kaji mi ti istinata« komponiert, »Sag' mir die Wahrheit, die meine Seele befreit«. Darum bittet der Schüler. Und der Meister antwortet: »Erkenne, liebe, säe, erbaue, gib alles«.

Die Wahrheit kann also nicht versklaven. Da die meisten Menschen die Wahrheit noch nicht als Frucht der Weisheit und der Liebe erkannt haben, kann man beobachten, wie sie – im Namen ihrer Wahrheit – alles tun, um die anderen zu versklaven. Aber wer sich so aufdrängt, muss wissen, dass er kein guter Diener der Wahrheit ist, denn in Gewaltanwendung liegt weder Liebe noch Weisheit. »Aber«, werdet ihr sagen, »wenn manche die Wahrheit ablehnen, muss man sie ihnen doch aufzwingen!« Nein. Man darf die Wahrheit nicht aufdrängen. Das führt sowieso zu nichts. Man muss wissen, dass die Wahrheit nicht für alle ist, denn viele Leute sind noch sehr weit von der Liebe und der Weisheit entfernt, und der Himmel verbietet es, ihnen die Wahrheit mit Gewalt aufzudrängen. Aus diesem Grunde ist die Lehre der großen Meister für schon darauf vorbereitete Menschen gedacht, die nach vielen Erfahrungen verstanden haben, dass das wirkliche Leben im spirituellen Fortschritt liegt. Diejenigen, die das noch nicht begriffen haben, müssen leider warten bis die Ereignisse des Lebens mit großen Hämmern auf sie einschlagen.

Der wirkliche Meister hat nur ganz kleine Hämmer. Er kann mit ihnen keine großen Felsbrocken bearbeiten. Er reserviert diese Instrumente für feinere Arbeiten. Wenn er eine Form sieht, die schon Gestalt angenommen hat, dann weiß er, dass da etwas zu machen ist: Mit ganz kleinen Schlägen verfeinert er die Einzelheiten, um diese Form harmonischer zu gestalten, ihr mehr Ausdruck zu geben. Er bemüht sich, auf diesem Gesicht die ursprünglichen Züge Gottes erscheinen zu lassen...

Wir müssen die Freiheit suchen, indem wir uns dem Schöpfer unterwerfen. In den ersten Versen des Vaterunsers: »Geheiligt werde Dein Name, Dein Reich komme, Dein Wille geschehe im Himmel wie auf Erden...« hat Jesus wundervoll ausgedrückt, worin diese Unterwerfung besteht. Er sagte auch: »Ich bin gekommen, die Werke dessen zu tun, der mich geschickt hat.« Und auch wir müssen Arbeiter im Felde des Herrn werden, wenn wir in das Gebiet der göttlichen Vorsehung Eingang finden wollen. Wenn dann unsere Gläubiger – das heißt die Gesetze der spirituellen Welt, die wir übertreten haben – verlangen, dass wir unsere Schulden zahlen, unter der Androhung, uns andernfalls ins Gefängnis zu stecken, wird der Herr sagen: »Lasst ihn in Ruhe, er ist Mein Diener.« – »Ja, aber er hat Schulden.« – »Was für Schulden? Wie viele?« – »Er hat diesen Fehler begangen, er hat gegen jene Regel verstoßen.« »Einverstanden, aber er ist Mein Arbeiter, er arbeitet bei Mir, ihr könnt beruhigt wieder gehen, Ich werde seine Schulden bezahlen.« Da Gott gerecht ist, jagt Er die Gläubiger nicht fort, die zu Recht fordern. Er sagt einfach zu ihnen: »Ich werde für ihn zahlen. Ihr könnt beruhigt wieder gehen.« Darum ist es wichtig, dass man Arbeiter des Herrn wird. Wir haben unzählige Gläubiger, und um sie zu bezahlen, müsste man ungeheure Reichtümer haben, die man weder leicht noch schnell erwerben kann. Wenn der Herr sieht, dass wir Ihm unsere Gedanken, unsere Arbeit, unsere Liebe weihen, dann bezahlt Er unsere Schulden.

Es nützt nichts, wenn wir unseren Gläubigern erklären: »Ich gehöre einer vornehmen Familie an. Ich bin ein großer Gelehrter.« Sie werden antworten, dass sie das nicht interessiert und dass wir bezahlen müssen, und wir fühlen uns innerlich schmerzhaft hin und her gerissen, solange wir diese Schulden nicht bezahlt haben. Sobald wir uns aber in der Wahrheit befinden, werden die

Gläubiger uns nicht mehr besuchen. Wenn sie kommen, dann bedeutet das, dass wir uns noch im Stamm des Baumes befinden, dort, wo wir noch einige Beschränkungen erdulden müssen. Um die Freiheit wieder zu erlangen muss man zum Gipfel des Baumes aufsteigen.

In den Märchen von Tausendundeiner Nacht gibt es eine Erzählung, die vom Standpunkt der Einweihungslehre sehr interessant ist. König Salomon besaß magisches Wissen, mit dessen Hilfe er den Naturgeistern Befehle erteilen konnte. Er schickte sie in den Schoß der Erde oder in die Tiefen der Ozeane, um wertvolle Materialien zu holen, die er für den Bau des Tempels in Jerusalem benötigte. Ist das wahr? Ich weiß es nicht. Übrigens ist das nicht interessant, sondern die Lehre, die man aus folgendem Märchen ziehen kann:

Eines Tages weigerte sich ein sehr mächtiger Geist, Salomon zu gehorchen. Um ihn zu bestrafen, sperrte ihn dieser in ein Gefäß ein, versah es mit einem Siegel und warf es ins Meer. Während des ersten Jahrhunderts versprach der Geist dem, der ihn befreien würde, großen Reichtum. Das Jahrhundert verging, niemand kam. Während des zweiten Jahrhunderts versprach er dem Befreier alle Schätze dieser Welt. Niemand kam. Im dritten Jahrhundert schwor der Geist, dass derjenige, der ihm die Freiheit zurückgeben würde, ein sehr mächtiger Monarch werden würde. Aber niemand kam. Mehrere Jahrhunderte vergingen in dieser Art und Weise. Verzweifelt und wütend schrie der Geist schließlich: »Also, jetzt werde ich den töten, der mich befreit«.

Seitdem Salomon den Geist ins Meer geworfen hatte, war dieser natürlich viel auf dem Grund des Wassers herumgereist. Eines Tages strandete er endlich an einem Ufer, wo ein armer Fischer wohnte, der jeden Tag seine Netze ins Meer warf und gerade genug Fische herauszog, um seine Frau und seine Kinder zu ernähren. Eines Morgens als er seine Netze herauszog, spürte er einen starken Widerstand. Vielleicht hatte er einen größeren Fisch als gewöhnlich gefangen, und er freute sich...

Schließlich zog er das Netz heraus und sah, dass er nur ein großes, mit einem Siegel versehenes Gefäß herausgezogen hatte. Er war erst ein wenig enttäuscht, doch dann sagte er sich, dass ein Gefäß, das so sorgfältig versiegelt war, bestimmt etwas Kostbares enthielt. Mit seinem Messer gelang es ihm, das Gefäß zu öffnen. Am Anfang hatte er den Eindruck, das Gefäß sei leer, aber nach und nach sah er, wie sich eine Art schwarzer Nebel bildete, der sich in die Luft erhob und sich so weit über dem Meer ausbreitete, dass er die Sonne verschleierte.

Als er vollständig aus dem Gefäß herausgekommen war, nahm dieser Nebel die Gestalt eines

Riesen an, der sich mit einem schrecklichen Ausdruck vor ihm aufrichtete und sagte: »Aha, du hast mich also endlich befreit. Nun, du hast kein Glück, bereite dich aufs Sterben vor. Vor Jahrhunderten hat mich König Salomon in diesem Gefäß eingeschlossen. Lange Zeit war ich bereit, denjenigen mit Geschenken zu überschütten, der mich befreien würde, aber er hat zu lange gewartet und jetzt bin ich entschlossen, ihn zu töten. Also los, sprich dein Gebet.« Der arme Fischer war entsetzt und versuchte das Mitleid des Geistes zu erwecken, indem er ihm von seiner Frau und seinen Kindern erzählte, die vor Hunger sterben würden, wenn er nicht da wäre, um sie zu ernähren. Umsonst, der Geist blieb unerbittlich.

Aber der Fischer war nicht dumm: Als er sah, dass es ihm nicht gelingen würde, dieses böswillige Wesen zu rühren, beschloss er, eine List anzuwenden. Er sagte zu ihm: »Ich bin einverstanden, ich sehe ein, dass ich sterben muss. Aber vorher tue mir den Gefallen und beantworte mir eine Frage und versprich mir, die Wahrheit zu sagen.« Der Geist versprach es. »Wenn ich sehe, wie riesengroß du bist«, sagte der Fischer, »kann ich nicht glauben, dass du wirklich in diesem Gefäß warst.« »Aber ja doch, ich war drin.« »Das kommt mir schon sehr außergewöhnlich vor! Ich kann es erst glauben, wenn du mir zeigst, wie das möglich ist.« Der Geist, beleidigt, dass der Fischer sein

Worte anzweifelte, wollte das Nötige tun, um ihn zu überzeugen. Vor seinen Augen verwandelte er sich wieder in einen Nebel, der in die Vase kroch. In diesem Augenblick ergriff der Fischer schnell den Deckel und verschloss das Gefäß. Nun musste der Geist den Fischer anflehen, ihm erneut seine Freiheit zu geben!...

Die Geschichte ist noch lang, aber ich habe euch nur den Anfang erzählt, damit ihr versteht, dass solche Dinge auch mit uns geschehen. Täglich wollen Wesen in uns befreit werden, und wenn wir es tun, finden wir uns großen Gefahren ausgesetzt. Bevor wir sie befreien, muss man ihre Natur kennen und sich sagen, dass es sicher Gründe dafür gibt, dass sie gefesselt sind. Genauso wie man keine Giftgase freisetzen soll, die in einem Chemielabor eingeschlossen sind, so darf man auch im Menschen nicht alle Kräfte des Unbewussten freilassen, wie zum Beispiel die Instinkte und Leidenschaften. Wenn wir sie freilassen, werden wir selbst ihre ersten Opfer sein.

Es ist der göttliche Geist, den wir in uns befreien müssen. Freiheit, das ist Wahrheit, die sich im Handeln ausdrückt. Frei sein heißt, im Sinne der göttlichen Wahrheit handeln.

Vom selben Autor:

Reihe Izvor

201 - Auf dem Weg zur Sonnenkultur

Die Sonne, Begründerin der Kultur – Surya-Yoga – Die Suche nach dem Zentrum – Die nährende Sonne – Der Solarplexus – Der Mensch, Abbild der Sonne – Die Geister der sieben Lichter – Die Sonne als Vorbild – Die wahre Sonnenreligion.

202 – Der Mensch erobert sein Schicksal

Das Gesetz von Ursache und Wirkung – »Du sollst das Feine vom Dichten sondern« – Entwicklung und Schöpfung – Menschliche und göttliche Gerechtigkeit – Das Gesetz der Wechselwirkungen – Die Gesetze der Natur und die Gesetze der Moral – Die Reinkarnation.

203 – Die Erziehung beginnt vor der Geburt

Zuerst müssen die Eltern erzogen werden – Die Erziehung beginnt schon vor der Geburt – Ein Entwurf für die Zukunft der Menschheit – Kümmert euch um eure Kinder – Eine neue Auffassung der mütterlichen Liebe – Das magische Wort – Ein Kind braucht immer eine Beschäftigung – Liebe ohne Schwäche – Erziehung und Belehrung.

204 – Yoga der Ernährung

Die Ernährung betrifft das ganze Wesen – Hrani-Yoga – Die Nahrung, ein Liebesbrief des Schöpfers – Die Auswahl der Nahrung – Der Vegetarismus – Die Ernährung und ihre Moral – Das Fasten – Vom Abendmahl – Der Sinn der Segnung – Die Arbeit des Geistes an der Materie – Das Gesetz vom Austausch.

205 – Die Sexualkraft oder geflügelte Drache

Der geflügelte Drache – Liebe und Sexualität – Die Sexualkraft, Voraussetzung für das Leben auf Erden – Vom Vergnügen – Die Gefahren des Tantrismus – Lieben ohne Gegenliebe zu erwarten – Die geistige Liebe, eine Nahrung auf höherer Ebene – Das hohe Ideal - Transformator der Sexualkraft – Öffnet der Liebe einen Weg nach oben.

206 – Eine universelle Philosophie

Einige Erklärungen zum Begriff *Sekte* – Keine Kirche ist ewig – Die Grundlagen einer universellen Religion – Die Große Universelle Weiße Bruderschaft – Wie man den Begriff *Familie* erweitert – Die Bruderschaft, ein höherer Bewusstseinsgrad – Die Kongresse der Bruderschaft in Le Bonfin – Jeder Aktivität eine universelle Dimension geben.

207 – Was ist ein geistiger Meister?

Wie man einen wirklichen geistigen Meister erkennt – Von der Notwendigkeit eines geistigen Führers – Spielt nicht den Zauberlehrling! – Spiritualität nicht mit Exotik verwechseln – Vom Ausgleich zwischen geistiger und materieller Welt

208 – Das Egregore der Taube oder das Reich des Friedens

Der tiefere Sinn des Friedens – Die Völkervereinigung und ihre Vorteile – Aristokratie und Demokratie – Kopf und Bauch – Vom Geld – Über die Verteilung des Reichtums – Für ein neues Verständnis der Wirtschaft – Was jeder Politiker wissen sollte – Das Reich Gottes.

209 – Weihnachten und Osternin der Einweihungslehre

Das Weihnachtsfest – Die zweite Geburt – Das Erwachen auf den verschiedenen Ebenen – »Wenn ihr nicht sterbt, so werdet ihr nicht leben!« – Die Auferstehung und das Jüngste Gericht – Der Lichtkörper.

210 – Die Antwort auf das Böse

Die zwei Bäume des Paradieses – Das Gute und das Böse - Zwei Kräfte, die das Rad des Lebens drehen – Jenseits von Gut und Böse – Das Gleichnis von *Spreu und Weizen*– Die Philosophie der Einheit – Die drei großen Versuchungen – Die Frage der Unerwünschten – Über den Selbstmord – Das Böse durch Licht und Liebe besiegen

211 – Die Freiheit, Sieg des Geistes

Die psychische Struktur des Menschen – Die Beziehungen zwischen Geist und Körper – Schicksal und Freiheit – Der befreiende Tod – Die wahre Freiheit – Sich begrenzen, um sich zu befreien – Anarchie und Freiheit – Über den Begriff der Hierarchie – Die innere Synarchie.

212 – Das Licht, lebendiger Geist

Das Licht, Essenz der Schöpfung – Die Sonnenstrahlen: ihre Natur und ihre Aktivität – Das Gold, kondensiertes Sonnenlicht – Das Licht, das es möglich macht zu sehen und gesehen zu werden – Die Arbeit mit dem Licht – Das Prisma, Bild des Menschen – Die Reinheit – Der Laserstrahl im geistigen Leben.

213 – Die menschliche und göttliche Natur in uns

Menschlich... oder tierisch? – Die niedere Natur, eine Spiegelung der höheren Natur – Auf der Suche nach unserer wahren Identität – Über die Möglichkeit, den Begrenzungen der niederen Natur zu entgehen – Die Sonne, Symbol der göttlichen Natur – Die niedere Natur beherrschen und als Energiequelle benutzen – Die Stimme der göttlichen Natur.

214 – Liebe, Zeugung und Schwangerschaft

Die geistige Galvanoplastik – Mann und Frau - Abbild des männlichen und weiblichen Prinzips – Die Ehe – Lieben ohne Anspruch – Wie man der Liebe eine edlere Ausdrucksform gibt – Der Liebesakt aus der Sicht der Einweihungslehre – Die Sexualkraft, Bestandteil der Sonnenenergie – Die Zeugung eines Kindes – Die Schwangerschaft.

215 – Die wahre Lehre Christi

»Vater unser, der Du bist im Himmel« – »Ich und der Vater sind eins« – »Seid vollkommen, wie euer Vater im Himmel vollkommen ist« – »Sucht zunächst das Reich Gottes und seine Gerechtigkeit« – »Wie im Himmel, so auf Erden« – »Wer mein Fleisch isst und mein Blut trinkt, hat das ewige Leben« – »Vater vergib ihnen, denn sie wissen nicht, was sie tun«.

216 – Geheimnisse aus dem Buch der Natur

Das Buch der Natur – Tag und Nacht – Quelle und Sumpf – Die Vermählung, ein universelles Symbol – Die Arbeit mit den Gedanken zur Gewinnung der Quintessenz – Die Macht des Feuers – Die entschleierte Wahrheit – Der Hausbau – Rot und weiß – Der Strom des Lebens.

217 – Ein neues Licht auf das Evangelium

»Man füllt nicht jungen Wein in alte Schläuche« – »Wenn ihr nicht werdet wie die Kinder« – »Sammelt euch Schätze« – »Gehet ein durch die enge Pforte« – »Wer auf dem Dach ist...« – Der Sturm, der sich gelegt hat – »Die Ersten werden die Letzten sein«.

218 – Die geometrischen Figuren und ihre Sprache

Die Symbolik der geometrischen Figuren – Der Kreis – Das Dreieck – Das Pentagramm – Die Pyramide – Das Kreuz – Die Quadratur des Kreises.

219 – Geheimnis Mensch

Die menschliche Evolution und die Entwicklung der spirituellen Organe – Die Aura –

Vom selben Autor
Reihe Gesamtwerke

1 Das geistige Erwachen
5 Die Kräfte des Leben
6 Die Harmonie
7 Die Mysterien von Jesod - Die Reinheit als Fundament geistiger Kraft
10 Surya-Yoga - Pracht und Herrlichkeit vonTipheret
11 Der Schlüssel zur Lösung der Lebensprobleme
12 Die Gesetze der kosmischen Moral
13 Die neue Erde
16 Alchimie und Magie der Ernährung - Hrani-Yoga
14/15 Liebe und Sexualität *(Doppelband)*
25/26 Der Wassermann und das Goldene Zeitalter *(Doppelband)*
32 Die Früchte des Lebensbaums

Vom selben Autor

Reihe Broschüren

301 Das neue Jahr
302 Die Meditation
303 Die Atmung
304 Der Tod und das Leben im Jenseits
305 Das Gebet
306 Musik und Gesang im spirituellen Leben
307 Das hohe Ideal
309 Die Aura, unsere geistige Haut
311 Wie Gedanken sich in der Materie verwirklichen
312 Die Reinkarnation
313 Das Vaterunser
315 Die Quelle des Lebens
318 Die wesentliche Aufgabe der Mutter während der Schwangerschaft
319 Die Seele, Instrument des Geistes
320 Menschliches und göttliches Wort
321 Weihnachten und das Mysterium der Geburt Christi
322 Die spirituellen Grundlagen der Medizin
323 Meditationen beim Sonnenaufgang

Verlag - Auslieferung

Editions PROSVETA S.A. - B.P. 12 - 83601 Fréjus Cedex (France)
Tel. +33 494 40 82 41 - Fax +33 494 40 80 05
E-Mail: International@Prosveta.com
www.prosveta.com

Auslieferungen

AUSTRALIEN
SURYOMA, LTD-P.O. Box 2576
Brookvale 2100 NSW (Australia)

BELGIEN UND LUXEMBURG
PROSVETA BENELUX
Liersesteenweg 154, B-2547 Lint

N.V. MAKLU Somersstraat 13-15
B-2000 Antwerpen

VANDER S.A.
Av. des Volontaires 321
B-1150 Bruxelles

BULGARIEN
SVETOGLED
Bd. Saborny 16 A appt. 11
9000 Varna

DEUTSCHLAND
PROSVETA Verlag
Postfach 16 52, D 78616 Rottweil
Heerstr. 55 D 78628 Rottweil
Tel. +49 741-46551, Fax -46552
E-Mail: prosveta.de@t-online.de

Für den Buchhandel:
KNÖ, K&V, Libri, Umbreit, EDIS, NLG

ENGLAND UND IRLAND
PROSVETA, The Doves Nest
Duddleswell Uckfield,
East Sussex TN 22 3JJ

GRIECHENLAND
RAOMRON - D. RAGOUSSIS
3 rue A. Papamdreou - C.P. 16675
Glifada - Athen

HAITI
PROSVETA - DÉPÔT
B.P. 115
Jacmel, Haiti (W.I.)

IRLAND
siehe England

ISRAEL
ZoharP.B. 1046
Netanya 42110

ITALIEN
PROSVETA Coop., Casella Postale,
06060 Moiano (PG)

KANADA UND USA
PROSVETA Inc., 3950, Albert Mines
North Hatley (Quebec), JOB 2C0

KOLUMBIEN
PROSVETA
Calle 146 No 25-28 Cedritos
Bogotá

LIBANON
PROSVETA LIBAN - P.O. Box 90-995
Jdeitet-el-Metn, Beyrouth

LUXEMBURG
siehe Belgien

NIEDERLANDE
STICHTING PROSVETA
Zeestraat 50, NL-2042 Zandvoort

NORWEGEN
PROSVETA NORDEN
Postboks 5101, 1503 Moss

ÖSTERREICH
HARMONIEQUELL
Hof 37/4, A 5302 Henndorf
Tel. und Fax +43 6214 7413
E-Mail: info@prosveta.at

PORTUGAL UND BRASILIEN
PUBLICAÇÕES
EUROPA-AMERICA Ltd
Est Lisboa-Sintra KM 14
2726 Mem Martins Codex

RUMÄNIEN
ANTAR, Str. N. Constantinescu 10
Bloc 16A - sc A - Apt. 9
Sector 1 - 71253 Bucarest

RUSSLAND
EDITIONS PROSVETA
Riazanski Prospekt 8a
Office 407
109428 Moskau

SCHWEIZ
PROSVETA
Société Coopérative
CH - 1808 Les Monts de Corsier
Tel. +41 21 921 92 18
Fax +41 21 922 92 04
E-Mail: prosveta@swissonline.ch

SPANIEN
ASOCIACIÓN PROSVETA ESPAÑOLA
C/ Ausias March n. 23 Ático
SP-08010 Barcelona

TSCHECHISCHE REPUBLIK
PROSVETA TCHEQUE
Ant. Sovy 18
Ceske Budejovice 370 05

Zypern
The Solar Civilisation Bookshop
73 D Kallipoleos Avenue - Lykavitos
P. O. Box 24947, 1355
Nicosia

Wenn Sie sich über die Anwendung der Lehre von
Omraam Mikhael Aivanhov informieren möchten
wenden Sie sich bitte an eine der folgenden Adressen:

Deutschland
UWB e.V., Marienstr. 33, 78588 Denkingen
Internet: www.uwb-ev.de, E-Mail: uwb@uwb-ev.de

Schweiz
FBU, Chemin de la Céramone, 1808 Les-Monts-de-Corsier
Telefon 021-921 93 90, Telefax 021-923 51 27

Österreich
UWB, Postfach 335, 5016 Salzburg